대한민국에
짬뽕 공화국을 세우다

이비가푸드 권혁남의 좌충우돌 창업 성공기

대한민국에 짬뽕 공화국을 세우다

초판 1쇄 2014년 10월 10일

지은이 권혁남
펴낸이 성철환 **편집총괄** 고원상 **담당PD** 최진희 **펴낸곳** 매경출판㈜
등 록 2003년 4월 24일(No. 2 – 3759)
주 소 우)100 – 728 서울특별시 중구 퇴계로 190 (필동 1가) 매경미디어센터 9층
홈페이지 www.mkbook.co.kr
전 화 02)2000 – 2610(기획편집) 02)2000 – 2636(마케팅)
팩 스 02)2000 – 2609 **이메일** publish@mk.co.kr
인쇄 · 제본 ㈜M – print 031)8071 – 0961

ISBN 979 – 11 – 5542 – 157 – 4(03320)
값 14,000원

이비가푸드 권혁남의 좌충우돌 창업 성공기

대한민국에 짬뽕 공화국을 세우다

권혁남 지음

매일경제신문사

이 책의 저자는 '절대 미각'의 소유자로 불린다. 전국 1만 여 곳의 음식점을 탐방하며 그 맛을 보며 살아온 내가 보기에도 그는 맛을 느끼는 감각이 남다르고, 음식에 대한 사랑과 배움의 열정이 높다. 사람에게 사랑과 열정이 있다면 못 이룰 것이 없다고 한다. 어려운 가정 형편과 연이은 사업 실패에도 불구하고 계속해서 새로운 것을 찾아내고 그것을 실천하는 강력한 추진력은 권혁남 대표의 가장 큰 장점이라고 할 수 있다.

《홍길동전》을 지은 허균은 조선 제일의 식도락가이자 미식가로 불렸다. 허균은 툭하면 이조 판서를 상대로 농수산물이 풍부한 지방의 수령으로 부임하기 위해 관직 로비를 벌였다. 심지어 귀양살이를 할 때도 "먹을 것이 많이 나는 곳으로 보내 달라"고 청할 정도로 그의 음식 사랑은 유별났다. 허균이 귀양지에서 먹었던 음식을 떠올리며 쓴 맛 기행서《도문대작屠門大嚼》에는 '어떤 음식은 어느 지방이 제일 맛있다'는 식의 정보가 열거되어 있다. 오늘날 허균이 있었다면 '이비가짬뽕'에 대해 최고의 찬사를 아끼지 않았을 것 같다.

생각보다 역사가 그리 깊지 않은 명물 음식도 많다. 포천의 이동갈비는 1970년대에, 아귀찜은 1950년대에 유명해지기 시작했고, 통영의 충무김밥도 1981년에 매스컴의 주목을 받으며 알려졌다. 짬뽕의 역사도 오래되지 않았다. 특히 짬뽕은 이젠 한국의 맛으로 평가되고 있다. 책 속에서 권 대표는 전 국민의 입맛을 사로잡은 한국인의 짬뽕이 되어 버린 이비가짬뽕이 웰빙짬뽕으로 탄생하는 과정을 소상히 그려 내고 있다.

권혁남 대표 또한 허균과 같이 음식 사랑이 유별나다. '짬뽕의 달인', '탕수육의 달인'으로 등극했지만 사실 권 대표는 학자도 아니고 문필가도 아니다. 그래서 문장은 투박하나 그 내용은 몸에 와 닿는다. 그는 세 번의 사업 실패로 절망에 빠졌지만 절망하지 않았다. 위기를 기회로 삼았다. 악조건 속에서도 혼자 판단하고 실천하기에 앞서 현장을 찾아 몸으로 부딪히며 연구했다. 목표에 대한 열정과 치밀함으로 승부를 걸었다. 그는 이 책에서 편의점 사업, 건강식품 사업 등 경영을 하면서 경험한 실패와, 인생을 살아오면서 느낀 점 등을 담담하고 솔직하게 보여 주고 있다.

나도 전국을 누비며 맛 기행을 다니지만 권 대표처럼 절대 미각의 소유자를 만나기란 쉽지 않다. 이비가짬뽕에 이어 앞으로 탄생할 제2의 브랜드 역시 이 절대 미각이 초석이 될 것이다. 특히 어려운 일도 1만 시간을 투자하면 그 분야에서 최고가 된다는 원칙을 가지고 만든 이비가짬뽕의 개발은 '세상에 불가능이란 없다'는 희망적인 메시지를 우리에게 준다.

권 대표는 프랜차이즈 가맹 사업에서도 사심을 버리고 항상 가맹점주와 소비자의 입장에서 먼저 생각한다. 이러한 상생 경영은 창조 경제를 일으키는 힘이기도 하다. 특히 도시마다 가맹점 수를 제한해 가맹점주의 상권을 보호하고, '이비가짬뽕 발전협의회'를 구성한 일은 이례적인 일로, 경영 성과로 인정받기 충분하다.

그는 부지런하고 남다르며 포기하지 않았기에 세 번 망했어도 오뚝이처럼 다시 일어났다. 이 책은 그런 면에서 창업을 준비하고 있는 분들에게 살아 숨 쉬는 길잡이 역할을 할 수 있을 것이다. 그의 삶의 태도와 마음가짐을 멀리서 지켜봐 온 사람으로서 감회가 남다르다. 책의 출간을 축하하며 음식을 사랑하는 분들과 예비 창업자들에게 읽어 보기를 권하고 싶다.

사단법인 대전음식문화진흥원
원장 이성희

　롤러코스터 같은 인생을 살았다. 정상인 듯하면 그 기쁨을 느낄 새도 없이 어느새 바닥으로 내려와 있었고, 바닥이란 자괴감을 딛고 나면 어느새 올라가고 있었다. 그렇게 세 번의 실패와 네 번째 도전으로 지금의 자리까지 왔다. 지금 이룬 것이 거창한 것은 아니지만 그래도 한숨 돌리며 지난 시간을 한 번쯤 돌이킬 여유는 생긴 듯하다. 물론 롤러코스터 여행은 이제 끝이 났다고 장담할 수도 없다. 그래도 최소한, 더는 불안하지 않다. 그동안의 경험을 통해 '인간만사 새옹지마'라는 것을 확실하게 알게 되었기 때문이다. 세상에 나쁘기만 한 것이 없고, 좋기만 한 것도 없음을 이제는 알고 있다. 위기는 기회로, 기회는 다시 위기로 돌고 돈다. 돌이켜 보면 도움이 되지 않은 경험이 없었고, 생각에 따라서는 모든 경험이 나에게 배움과 교훈을 주었다. 내 인생과 내 사업은 늘 그랬다. 앞으로 또 다른 위기가 찾아와도 당황하지 않을 내공 정도는 쌓인 듯하다.

그렇게 나름의 깨우침과 노하우를 쌓으며 지금은 '이비가짬뽕'의 경영자이자 대표 조리사로 살고 있다. 2014년 9월 기준 80개 가맹점주들의 생사고락을 책임지는 수장이기도 하다. 무엇보다 어릴 적부터 남다른 미각과 요리 솜씨를 자랑하던 나는 맛을 만들어 내는 사람으로 살아가는 요즘 무한 만족을 느낀다. 이제야 내 천직을 찾은 듯, 그간의 고생을 보상받는 듯 매일매일이 즐겁다. 음식이 조리되어 나가는 주방을 보고, 그 음식을 맛있게 먹는 사람들을 볼 때면 묘한 흥분마저 느낀다. 누가 시키지 않아도 더 나은 맛을 찾기 위해 고민하고, 새로운 메뉴를 만들기 위해 머리를 싸매는 일이 즐겁다. 하루 종일 맛 연구에 파묻혀 일 년 열두 달 그 생활을 반복해도 지루함이 없다. 그것이 나에게는 행복이다.

이 책은 그 행복을 찾기까지 노력해 온 내 미천한 사업

여정을 담은 기록이다. 대단한 업적을 이룬 것은 아니지만 모든 순간에 나는 진심으로 임했고 지금도 그 진심 하나로 이비가짬뽕 프랜차이즈를 운영하고 있다. 이러한 나의 소박한 사업 과정을 사람들과 나눔으로써 누구에게는 '나도 이 정도는 할 수 있어!'라는 자신감을 주고, 누구에게는 나의 작은 아이디어를 나눠 주고, 또 다른 누군가에게는 진심이 담긴 감동을 전하고 싶다. 그렇게 밥 한 공기 나누는 마음으로 이 책을 썼다. 혹여 어떤 갈등이나 위기로 어려움을 겪는 이들이 있다면, 목표를 향해 달려가는데 숨 가쁜 이들이 있다면 그들에게 작은 위로도 전하고 싶다. 이 권혁남이도 이만큼 했소이다! 조금만 힘내자고, 절대로 포기하지 말자고 말이다.

계룡산과 갑천이 보이는 이비가푸드 본사에서
권혁남

목차

"아…!"

깜짝 놀라 눈을 떴다. 겨우 새벽 두 시였다. 아직 가게 문을 열려면 한참 멀었건만 좀체 깊은 잠을 잘 수가 없었다. 개업을 앞두고 긴장했기 때문이다. 30분 간격으로 화들짝 놀라기를 반복했다. 벌써 몇 시간째 뒤척이는 것인지, 자정 무렵 잠자리에 들었지만 시간만 애꿎게 흐를 뿐이었다. 하는 수 없이 나는 자리를 털고 일어났다.

'이럴 바엔 가게나 나가자.'

세수도 하는 둥 마는 둥 시늉만 내고 집을 나섰다. 첫새벽 특유의 알싸한 공기가 코끝을 간지럽혔다. 맑고 깨끗한 공기가 여명의 공간을 가득 메우고 있었다. 반대로 거리는 한산했다. 이른 시간인 탓도 있었겠지만 큰길로 걸어가는 내내 차가 한 대도 지나가지 않았다.

무심히 걸음을 옮기는 순간 마치 누군가 신호라도 보내

는 듯 알 수 없는 전파가 뇌리를 스쳤다. 심장도 쿵 하고 떨어졌다. 그러면서 막연한 두려움이 몰려왔다.

'오늘 가게도 이렇게 한산하면 어쩌지.'

속으로 '설마'를 외쳤지만 설마가 늘 사람을 잡지 않던가. 불안이 엄습해 왔다.

그동안 나는 짬뽕을 만든다며 전국을 유랑하는 '맛 기행'을 자처했다. 대구로 울산으로 부산으로 목포를 찍고 광주로 전주로 그리고 인천, 수원, 서울로 전국의 유명 짬뽕집을 찾아다녔다. 그러나 이러한 노력에도 결과는 영 신통치 않았다. 맛집은 분명했지만 내가 생각했던 '건강식 짬뽕'은 그 어디에도 없었다. 고작 '맛있다'가 전부였고 항상 아쉬움이 남았다. 그때부터 나는 어디에서도 맛볼 수 없는 나만의 '건강식 짬뽕' 개발에 나섰다. 건강식 짬뽕의 관건은 뭐니 뭐니 해도 국물이었다. 세상 그 어디에도 없는 '깊이 있고 얼큰한 건강식 국물'을 목표로 삼았다. 화학조미료를 전혀 사용하지 않고 효소 추출물인 천연조미료를 사용했다. 재료도 최고급 토종만 취급했다. 사골과 닭, 열 가지 한약재도 토종만 고집했다. 심지어 장작까지 순수 국산 참나무를 선택했다. 좋은 재료는 정성을 저절로 보태게 했다. 나는 24시간 내내 가마솥을 지키며 우러나는 육수를 점검했다. 잠이 문제가 아니었다. 온갖 정성을 쏟았다. 그러나 생각보다 그 맛을 찾기란 어려웠다. 물론 남들처럼 구수한 맛, 시원한맛, 매운맛 등 평범한 맛을 내는 것은 그리 어렵지 않았다. 하지만 내가 그토록 찾고 싶었던 '깊이 있고 얼큰한 건강식 국물 맛'은 좀처럼 낼 수 없었다. 과연 어떻게 해야 하는 걸까?

이때부터 깊이를 찾기 위한 여정이 이어졌다. 이제는 디테일의 승부였다. 일단 불의 세기를 연구하는 데 집중했다. 소위 '불맛'도 조리에 있어선 매우 중요했다. 가마솥에 한우 사골과 토종닭 그리고 한약재를 넣고 일정량의 물을 부은 다음 불의 강약을 조절해 가며 육수를 우려냈다. 불의 세기는 시간의 조정과 상관관계가 깊었다.

처음 5시간은 강한 불로 끓이다가 그다음 10시간은 중간 불로, 또 그다음 8시간은 약한 불로, 그리고 마지막 1시간은 다시 강한 불로 마무리하는 식으로 불의 세기와 시간을 세분화해 실험하고 기록했다. 정말로 그때그때 맛이 달랐으니 불의 세기와 시간의 조정은 그야말로 정성 그 자체였다.

재료 선택도 다시 한 번 점검에 들어갔다. 100% 국산 재료를 선택함은 당연하고 모두 최상 등급만을 사용했다. 사골이나 토종닭의 무게와 양에 따라 물의 양도 조절했다. 함께 우려낼 한약재도 마찬가지였다. 한약재 전체에서 가짓수를 하나씩 빼고 넣어 가며 각각의 맛 테스트를 해 보았다. 그렇게 한 달을 넘기며 지루한 사투를 이어 갔다. 두달이 지나고 석 달이 지나면서 몸도 마음도 지쳐 갔지만 나만의 국물 맛을 만들겠다는 의지만큼은 변함이 없었다. 그리고 석 달, 넉 달이 눈 깜짝할 사이에 지나갔다. 그리고 6개월이 막 지나갈 무렵이었다. 드디어 혀에서 느껴지는 국물 맛에서 가닥이 잡혀 가는 듯했다. 무언가 나만의 묵직한 '맛틀'이 느껴지기 시작했다.

'그래, 이 맛이야. 확실히 뭔가 달라졌어.'

나는 곧바로 이의근 조리팀장을 불렀다. 이의근 팀장은 나의 조카이자, 창업 준비 때부터 전국 맛 기행을 함께 다니며 고생한 창업 동지이기도 하다.

"이 팀장, 어때? 맛이 다르지?"

조바심이 나 재촉하며 물었다. 이 팀장은 신중하게 맛을 음미했다. 답을 기다리는 시간이 길게만 느껴졌다.

"어때? 깊이도 있고 얼큰한 맛, 그런 게 느껴지지 않아?"

잠깐 고민하는 듯하더니 이 팀장이 조심스럽게 말문을 열었다.

"음, 그런데 약간 한약 냄새가 나는 것 같은데요."

"아마 그럴 거야. 한약재를 10가지나 넣었거든. 건강식을 만들어야 하니까. 앞으로 조금 더 연구하면 그 냄새도 완전히 없앨 수 있을 거야."

이 팀장도 고개를 끄덕였다. 반응을 보니 나쁘지 않았다. 국물을 연구한 지 반년 만이었다. 불의 세기와 시간, 그리고 재료의 양을 조화롭게 구성하고 연구하며 마침내 '삼각 맛틀'을 만들어 냈다. 그렇게 숙성시켜 간 맛틀은 '깊이 있고 얼큰한 건강식 국물 맛'을 그대로 재현했다. 그 누구도 흉내 내지 못할 그런 맛이었다. 역시나 끈기와 집중력으로 못 넘을 산은 없었다.

얼추 국물을 완성하고 난 후 이번엔 면발 연구에 들어갔다. 국물과 함께 면은 식감을 결정하는 매우 중요한 요소이다. 면이 퍼지거나 푸석하면, 아무리 국물이 맛있고 함께 들어간 재료가 신선해도 맛이 좋을 수 없었다. 그래서 입에서 씹히는 질감과 씹고 난 후 느껴지는 고소함, 국물과 재료의 조화가 잘 이뤄지는 나만의 짬뽕 면을 만들어야 했다.

사실 전국을 유랑하면서도 느낀 점이지만 면은 모두 대동소이했고 특별히 차별화되어 있지 않았다. 나는 바로 이 점에 착안했다. 나만의 면, '깊이 있고 얼큰한 건강식 국물 맛'에 맞는 '차지면서 부드러운 면'을 만들어 보기로 했다.

면의 반죽을 좌우하는 것은 우선 물이었다. 그러나 일반 생수 반죽으로는 차진 면을 만드는 데 한계가 있었다. 시

중에서 구할 수 있는 좋은 물이란 물은 모두 구해 실험하고 공부하면서 겨우 알게 된 것이 바로 알칼리수였다.

알칼리수는 물 분자가 작고 수소 이온이 풍부해 밀가루와 섞이면 결합력을 높여 점성과 탄성을 한층 강화시켜 주었다. 나는 곧바로 최적의 배합비를 찾기 위한 실험에 들어갔다. 물론 그 과정은 생각보다 쉽지 않았다. 어떤 때는 차지긴커녕 일반 면의 찰기만도 못할 때가 많았다. 실망스러웠던 적도 많았지만 그렇다고 포기할 내가 아니었다. 반죽하고 또 반죽했다. 실패가 거듭될수록 그때마다 경험도 쌓여 갔다. 중요한 것은 반죽 후에 거쳐야 하는 숙성 과정이었다.

내가 일반 생수 대신 알칼리수를 선택한 것은 반죽 사이의 공기층을 없애 차짐을 강화하려는 이유였다. 하지만 반죽을 하자마자 곧바로 면을 만들면 아주 미세하지만 공기층을 그대로 두고 면을 만들 수밖에 없었다. 바로 이 점을 바로잡기 위해 숙성 과정을 거치도록 했다. 숙성되는 동안 미세한 공기층이 사라지고 한결 차지게 되면서 내가 원하는 면의 질감을 완성할 수 있었다. 그렇게 면이 완성되자 나는 곧바로 나만의 국물과 나만의 면이 한데 어우러진 짬뽕 한 그릇을 뚝딱 만들었다. 물론 이의근 팀장의 시식이 이어졌다.

"이 팀장, 어때? 내가 말했던 대로지?"

"넷! 정말 맛있는데요. 확실히 다른 맛이에요."

이의근 팀장의 표정이 어느 때보다 밝았다. 사장이 만들었다고 예의상 건네는 칭찬은 확실히 아니었다. 그는 연신 맛있다는 감탄을 토해 냈다. 반년의 노력이 빛을 보는 순간이었다.

"이.비.가.짬.뽕."

어느새 가게 앞이었다. 간판이 한눈에 들어왔다. 순간 개업 긴장감도 사라졌다. 잘 해 보자는 생각만 뇌리에 남았다.

"훗훗."

나도 모르게 웃음이 터져 나왔다. 뜻하지 않은 자신감이었다. 그런데 그때였다. 나는 의아스러울 수밖에 없었다. 가게 전등이 모두 켜져 있는 것이 아닌가?

"이 녀석들 불도 안 끄고 퇴근했네. 이렇게 덜렁대서야, 원!"

나는 허둥대는 직원들을 혼잣말로 책망했다. 그러나 가게 문을 열고 들어서는 순간 나는 내 눈을 의심했다.

"어서 오십시오. 환영합니다!"

직원들이었다. 식당이며 주방이며 모든 직원들이 새벽부터 총출동해 있었다.

"아니, 어쩐 일들이야? 아직 출근 시간이 한참 남았는데."

"잠이 안 와서요. 그냥 출근이나 해야지 하고 나왔는데 이렇게 모두 나와 있더라고요."

이런 걸 두고 이심전심이라고 했던가! 순간 나는 울컥했다. 그동안 나만 주인인 줄 알았는데 그게 아니었다. 모두가 주인이었고 모두가 내 마음과 같았다. 주방장, 주방 보조, 카운터 직원, 서빙 직원까지 모두 이비가짬뽕의 주인으로서 오늘을 오매불망 기다려 왔던 것이다. 그 사실을 깨닫고 나니 정말 흐뭇했다. 전과 달리 이비가짬뽕은 반드시 성공할 수 있다는 확신이 강하게 몰려왔다. 드디어 개업이다!

제1부

세상을
배우다

가난

"엄니, 나 돈 좀 줘. 새 공책 사야 혀."

"그려, 잠시만 기다려라. 내가 얼릉 댕겨올겨."

어머니는 내 보챔에 얼른 옆집으로 향하였다. 쌈짓돈이 떨어져 급한 대로 돈을 빌려 볼 심산이었다. 그러나 옆집 이라고 돈이 있을 리 만무했다.

"읍써, 읍써. 먹고 죽을 돈도 없네그려."

때는 바야흐로 1970년대 초반 무렵이었다. 당시만 하더 라도 시골에서 돈을 구경하기란 하늘의 별 따기보다 어려 웠다. '잘 살아 보세!'를 외치며 새마을 운동이 한창이던 시절, 우리나라는 북한보다도 국민 소득이 낮았다. 그러니 집집마다 가난이 당연하던 시절이었다. 하지만 어머니는 포기하지 않고 그다음 옆집으로 갔다.

"영이 엄니, 오늘 100원만 꿔 주면 안 돼유? 돈이 똑 떨어져서유."

어머니는 넉살 좋게 이야기했지만 대답은 정반대였다.

"아니, 그 집은 매일 돈이 똑 떨어지나! 어제도 그리 말했던 것 같은디. 갚지도 못할 거면서…. 읍슈, 읍써."

참 매몰차고 몰인정했다. 하지만 달리 어찌할 도리가 없었다. 어머니는 빙그레 웃으며 말했다.

"됐네, 됐슈. 그만혀. 다음에 돈 있을 때 좀 빌려 줘유. 나중에 다 갚을겨."

어머니는 속이 쓰렸지만, 짐짓 웃으면서 말하고 옆집으로 갔다. 그러나 왠지 그 집 앞에서는 망설여졌다. 싸리문을 열까 말까 한참을 고민했다. 며칠 전 그 집 아저씨가 병원비를 마련하지 못해 끝내 돌아가셨다는 기억이 떠올랐기 때문이다. 기침을 많이 했던 것으로 보아 폐병이었던

것 같은데 치료비가 없어 집에서 민간요법으로 치료하다가 결국 세상을 등지고 말았다. 그날 그 집 아주머니와 아이들의 곡소리는 다시 듣고 싶지 않을 정도로 처절했다. 하지만 어머니는 용기를 내 그 집 문을 두드렸다.

"아니, 혁남이 엄마가 식전부터 웬일이여?"

"어… 저기….

어머니는 얼른 대답을 못 하고 얼버무렸다. 적당한 말이 생각나지 않았다. 그런데 눈치 빠른 아주머니는 기다렸다는 듯이 어머니께 말을 건넸다.

"그래, 다 안다. 돈 빌리러 왔지. 마침 돈이 있다. 지아비 장사 지내고 나니 돈이 조금 남았어."

"아냐, 아냐, 됐어. 그 돈이 어떤 돈인디."

"그러지 말고 받어. 어디 마땅히 돈 빌릴 데도 없잖어."

사실이었다. 벌써 세 집을 돌아다녔지만 돈을 구할 수 없었다.

"그려, 고마워. 꼭 갚을겨."

사실 형편으로 따지자면 우리 집보다도 더 힘들고 가난

한 집이었다. 논 한 평, 밭 한 평 없이 남의 일을 해 주며 근근이 살아가던 집이었다. 게다가 자식이 많아 끼니조차 해결하지 못할 정도였다. 그런 집에서 언제 갚을지도 모르는 돈을 빌려 줬으니 어머니는 한없이 고마웠다. 당신도 일남사녀, 오 남매를 키우기 때문에 그 무엇을 빌려 주기란 쉽지 않았다. 하물며 돈이라면 더욱 그랬다.

"증말 고맙네. 증말."

어머니는 도움에 감격해 콧등이 시큰해졌다. 더는 아주머니를 볼 면목이 없었다.

"나 가네. 증말 고마워."

어머니는 도망이라도 치듯 집으로 돌아오셨다. 아마도 오는 내내 그 고마움을 어떻게 갚아야 할지 생각하셨던 모양이다.

'그려, 내가 이 고마움은 꼭 갚을겨.'

어머니는 혼잣말을 되뇌며 집으로 돌아오셨다. 그리고 기다리고 있던 내게 돈을 내밀며 차분히 말씀하셨다.

"혁남아, 옜다, 공책도 사고 연필도 사라."

"엉."

나는 어머니 손의 돈을 빼앗듯이 낚아챘다. 어머니는 여전히 차분한 목소리로, 그러나 매우 강경하게 한마디를 덧붙이셨다.

"공부 열심히 혀. 그래야 성공하지."

"엉. 알었어."

나는 건성건성 대답했지만 어머니가 전하려는 진심을 분명히 받아들였다. 그리고 그 정성을 스스로 가슴에 새기고자 한마디 더 거들었다.

"엄니, 고마워."

나는 인사와 동시에 어머니 손을 한 번 잡고 등굣길에 나섰다. 그러나 왠지 모를 어머니에 대한 안쓰러움과 미안함이 동시에 배어났다.

'엄니, 힘내. 내가 커서 반드시 돈 많이 버는 사업가가 될 거유. 그래서 엄니가 원하는 거 다 해 줄겨. 알았지!'

나는 다짐하고 또 다짐했다. 어머니의 마음도 그와 같았으리라!

개구쟁이

"김정수!"

"네!"

"기종식!"

"안 왔습니다."

"차운서!"

"안 왔습니다."

"권혁남!"

"네!"

오늘따라 몇몇 친구들이 보이지 않았다. 육성회비를 못

낸 친구들이 선생님이 무서워 줄줄이 결석한 모양이었다. 학기 말이면 으레 있는 일이라 새삼스럽지는 않았지만 어린 마음에도 가난이 야속하기만 했다. 사실 내가 태어나던 해인 1966년은 1962년부터 시작된 '제1차 경제개발 5개년 계획'이 성공적으로 끝난 시점이었지만 여전히 보릿고개를 넘기기는 쉽지 않았다. 춘삼월이면 전국이 배고픔에 허덕였다. 남녀노소 할 것 없이 모두 산으로 들로 먹을 것을 찾아다녔다. 그런 와중에 육성회비라니. 없는 집에선 학교에 낼 돈을 구한다는 것이 사치였을 것이고 언감생심 꿈도 못 꿀 일이었다. 당장 끼니가 걱정이었으니 말이다. 그때였다.

"권혁남!"

"네에에?"

방금 출석을 불러 대답도 했는데 선생님께서 내 이름을 다시 불러 당황했다.

"육성회비가 한 번도 안 밀렸네? 그래, 아버지는 뭐 하시나?"

"소끌이요!"

나는 생각할 틈도 없이 엉겁결에 대답했다. 하지만 곧 아차 싶었다. 하필이면 왜 소끌이라고 대답했을까 후회가 밀려왔다. 그때 선생님은 궁금하다는 듯 다시 물었다.

"소끌이? 소끌이가 뭐니?"

"장터에서 남의 집까지 소를 끌어다 주고 돈 받는 일이래유. 그 반대도 있구유."

기수였다. 나설 때 안 나설 때를 구분하지 못하는 친구였다. 기수의 대답 덕분에 내 얼굴은 일순간 홍당무가 되어 버렸다. 창피했다.

"그래? 그런데 소끌이를 해서 육성회비를 낸다고? 쉽지 않을 텐데!"

"아, 네. 소끌이는 어쩌다 하는 일이고요, 주로 소를 사서 파는 일을 많이 해유. 소장수쥬, 소장수!"

나는 변명보다 추가 설명을 선택했다. 그래도 창피한 건 마찬가지였다. 처음 질문했을 때 소장수라고 말했으면 좋았을 것을 하필 머슴이 하는 일처럼 소끌이라고 하는 바람에 시쳇말로 '촌발' 날리는 짓을 한 셈이었다.

그래서인지 그날은 내내 우울했다. 내일이면 방학이라 신이 날 법도 한데 그렇지 않았다. 말 한마디가 이렇게 엄청나다는 것을 그날 깨달았다.

"혁남아!"

하굣길에 멀리서 그를 보고 달려온 진우였다.

"그러지 말고 냇가 가자. 아까 소나기 내렸으니 제법 고기가 올라올 겨!"

"싫어. 안 갈려!"

"그러지 말고 나와. 족대 있지? 그것 가지고 나와이. 그러면 나도 양동이 들고 나올겨. 매운탕 끓여 먹자."

매운탕. 나는 매운탕이란 말에 혹했다. 어려서부터 음식 만들기를 좋아한 탓인지 그 말은 곧바로 뇌로 전달되었다.

"알았어. 나올겨!"

역시 친구는 좋은 존재다. 한창 우울했는데 그래서 만사가 귀찮았는데 친구들과 멱을 감고 매운탕을 먹으며 즐겁게 놀 생각을 하니 금세 기분이 나아졌다. 그길로 한달음에 달려 집에 도착했다. 누가 잡을세라 책가방을 툇마루에 휙 집어던지고 족대를 찾아 집을 나섰다. 이미 친구들은 나와 있었다. 저마다 한 손에 무엇인가를 하나씩 들고 있었다. 찌그러진 냄비를 든 친구도 있었고 칼과 숟가락을 든 친구도 있었고 된장, 고추장을 든 친구도 있었다. 고기만 있다면 당장에라도 매운탕을 끓일 수 있을 정도였다.

친구들은 냇가에 도착하자마자 첨벙첨벙 난리가 났다. 냇가를 동서남북으로 뛰어다녔다. 천둥벌거숭이가 따로 없었다.

"혁남아! 자, 족대 대라. 간다!"

진우와 기수가 동시에 소리쳤다.

"혁남아, 들어야! 들어!"

"이야."

나는 힘차게 족대를 들었다. 그 순간 함성이 터졌다.

"와아!"

족대 안은 고기 만물상萬物相이었다. 송사리부터 메기, 붕어 심지어 미꾸라지까지, 민물고기는 죄다 모였다.

"자, 자, 한 번 더 혀. 혁남이 너는 저 아래로 내려가라."

"자, 다시 간다."

첨벙! 첨벙! 첨벙!

"이야."

이번에도 마찬가지였다. 고기 천지였다. 방학 첫 날부터 횡재가 따로 없었다. 우리는 그렇게 몇 번을 더 했다. 고기는 양동이의 반을 채웠다.

"자, 자, 이제 매운탕 준비하자."

"혁남아, 실력 좀 발휘해 봐."

진우였다. 언제나 요리는 내 담당이었다. 어린 나이지만 요리를 좋아했고 또 맛있게 만들었다. 나름 절대 미각이라 자부했다. 맛을 보면 그 요리의 재료는 물론 양념까지 알아맞힐 정도였다. 그래서 친구들은 언제나 '요리' 하면 나를 지목했다.

"진우야, 너는 저기 마늘밭에 가서 마늘 좀 캐 와라. 그리고 기수 너는 고기 좀 잡고. 그리고 향권이 너는 땔감 좀 찾아 와라. 나는 그동안 매운탕 준비 좀 할게."

친구들은 저마다 임무를 안고 출발했다. 나는 곧바로 매운탕 조리 준비에 돌입했다. 일단 기수와 함께 생선을 손질했다. 붕어 비늘을 벗기고 내장을 파냈으며 미꾸라지와 메기는 한데 넣어 소금을 뿌리고 숨을 죽인 다음 호박잎으로 마무리했다. 그리고 송사리는 소금에 버무려 비린내만 없애고 냄비에 담았다.

"자, 혁남아. 마늘이야. 감자도 집에 가서 좀 가져왔어."

"그려, 그려. 잘 했다."

"혁남아, 장작이다. 좀 젖긴 했지만 불 피우는 데는 지장이 없을 것 같아."

"그려, 고생했다. 일단 불을 피워라."

향권이는 진우와 함께 장작불을 피웠다. 어딘가에서 마른 풀을 구하는가 싶더니 잔솔가지도 구해 왔다. 그리고 마른 풀에 성냥불을 붙이고는 그 위에 잔솔가지를 올렸다. 그리고 그 위에 장작을 올렸다. 불은 순식간에 장작에 옮겨붙어 장작불로 변했다.

"혁남아, 됐어. 불이 좋아."

"그려, 그려. 증말 좋다."

그때쯤 불은 그을음이 다 날아가고 장작불 본연의 빛을 자랑하기 시작했다. 나는 그 장작불 위에 철근을 격자로 올렸다. 그리고 그 위로 물을 3분의 2 가량 채운 냄비를 올렸다. 냄비는 순식간에 달아올라 물이 끓기 시작했다. 워낙 불이 좋았으니 당연했다.

"혁남아, 자, 이거."

민물고기였다. 못 되도 큰 바가지로 한 바가지는 되어 보였다. 나는 손질 상태를 다시 한 번 확인하고 곧바로 냄비에 집어넣었다. 고기는 순식간에 뜨거운 수증기 속으로 사라졌다.

"혁남아, 이건 언제 넣을 거?"

진우였다. 마늘을 줄기째 씻어 왔다. 싱싱해 보였다.

"좀 있다가 고기가 다 익으면 넣자."

한참 동안 고기만 넣고 끓였다. 구수한 냄새가 날 무렵 마늘을 줄기째 쫑쫑 썰어 넣었다. 감자도 큼직큼직하게 썰어 넣었다. 그런 다음 마지막으로 된장과 고추장으로 양념

을 했다. 된장은 민물고기의 비린 맛을 없애 주고, 고추장
은 구수한 맛을 얼큰한 맛으로 바꿔 주었다.

"혁남아, 아직이야? 배고프다."

어느새 오후 4시를 넘기고 있었다. 냇가를 제멋대로 뛰
어다녔으니 배가 고프지 않은 게 오히려 이상한 일이었다.
친구들의 재촉과 기다림 속에 얼추 매운탕이 완성되었다.

"응, 이제 다 됐어. 자, 자, 그릇을 가져와. 떠 줄게."

친구들은 동시에 그릇을 내밀었다. 냇가에서 주운 깡통,
사발, 냄비 뚜껑 할 것 없이 그릇이란 그릇은 죄다 내밀었
다. 나는 매운탕을 재빨리 다섯 명에게 분배하기 시작했
다. 고기와 채소가 다섯 명에게 고르게 분배되도록 했다.
매운탕을 받아 든 녀석들은 먹기도 전부터 입맛을 다셨다.

"와, 정말 죽이는디!"

"와, 맛있다."

"어떻게 하면 이런 맛이 나지."

친구들은 후루룩후루룩 매운탕이 입으로 들어가는지 코
로 들어가는지 모를 정도로 정신없이 매운탕을 먹었다. 그

야말로 난리였다. 맛있다는 표현을 있는 대로 다 찾아내며 법석이었다. 나는 기분이 좋았다. 아마도 그때였을 것이다. 요리가 사람들을 즐겁게 한다는 사실을 깨달은 것이. 그날 우리는 매운탕을 먹으며 세상에서 가장 행복한 날을 보냈다.

꿈

다음 날, 아버지는 첫새벽부터 나를 깨웠다.

"혁남아, 어서 일어나라. 장에 가자."

"네? 장에유?"

나는 잠결에 눈은 감은 채 대답을 하며 뒤척였다. 하지만 이내 정신이 번쩍 들어 이불을 박차고 일어났다. 사실 장에 가는 날만큼 신나는 날도 없었다. 먹을 것 많고 볼거리 많은 장터는 그야말로 나의 천국이었다. 나는 허둥지둥 아버지를 따라나섰다. 아버지는 이미 멀찌감치 소를 몰고 신작로를 걸어가고 계셨다.

"아부지, 같이 가유! 아부지!"

"그려, 그려. 어서 오너라."

아버지는 전에 없이 인자한 얼굴로 하나밖에 없는 귀한 아들을 돌아보셨다. 나는 위로 누나 둘, 그리고 아래로 여동생 둘, 모두 오 남매의 외동아들이다. 그래서인지 아버지 어머니는 말할 것도 없고, 할아버지 할머니까지 모두 나를 금지옥엽으로 아껴 주셨다. 쥐면 깨질까, 불면 날아갈까 애지중지 키워 주셨다. 게다가 여전히 남아 있던 남아 선호 사상은 나를 더욱 우쭐하게 했다. 시골은 남아 선호 사상이 더 심했다. 특히 내가 태어난 곳은 충남 공주에서도 한참 더 들어가 있는 우성면 용봉리. 그야말로 순수 양반촌이었다. 그러니 아들을 귀히 여기는 건 어느 곳과 견주어도 뒤지지 않았다.

"아들아, 정신 바짝 차려야 한다. 아부지 옆에 꼭 붙어 다니고."

"네, 아부지."

장터에 도착하자마자 아버지는 나부터 챙기셨다. 혹시

나 복잡한 장터에서 귀한 아들이 길이나 잃지 않을까 걱정
하시는 눈치였다.

"아저씨, 이리 와유. 국밥 드시고 가세유. 여기 덴뿌라도
맛있는디 한 꼬치만 하시유."

그야말로 난장판이었다. 지나가는 곳마다 가게 상인들
의 호객 행위가 이어졌다. 아버지는 아랑곳하지 않고 곧장
우시장으로 향했다. 우시장은 소 천지였다. 어느 소가 어
느 소인지 구분이 안 될 정도로 많았다. 아버지는 우시장
한쪽 귀퉁이로 가더니 소고삐를 기둥에 묶었다.

"가자. 아침 먹자."

"네, 아부지."

나는 도대체 정신을 차릴 수가 없었다. 소 울음소리와 사
람들의 말소리가 뒤엉켜 정신을 쏙 빼 놓고 있었다.

"어서 오슈! 벌써 오셨네."

"네, 안녕하세유. 여전하시네유."

"어이, 권 사장, 이리 와. 합석혀."

아버지와 나는 그 자리로 갔다.

"아들인겨? 어이 고놈 똑똑하게 생겼네. 옜다."

그 아저씨는 100원을 내밀었다. 당시로서는 꽤나 큰돈이었다. 소풍 갈 때도 50원을 가져가면 많이 가져가는 시절이었으니 하물며 특별한 날도 아닌데 100원이면 나에겐 정말 큰돈이었다. 나는 무심결에 아버지를 올려다봤다.

"받아라. 괜찮혀."

그 말이 떨어지는 순간 나는 돈을 넙죽 받았다.

"고맙습니다."

나는 허리를 깊숙이 숙이며 인사했다. 그 아저씨도 기분이 좋았는지 너털웃음을 터뜨렸다.

"자, 국밥이요!"

국밥집 주인아주머니였다.

"아들인감? 많이 먹어라. 더 줄게."

"네."

나는 대답과 동시에 숟가락을 국밥으로 가져갔다. 그리고 국물을 한 술 떠 입안으로 가져갔다. 시원하고 얼큰한, 그러면서도 고소한 맛이 혀끝으로 전해졌다. 혀뿐만 아니라 정신까지 시원해지는 환상적인 맛이었다. 시골 장터라고 무시할 게 아니었다. 그 맛은 천상의 맛 그 자체였다. 고기와 함께 무, 고사리, 콩나물, 대파, 토란까지 적어도 두어 시간 푹 곤 듯했다. 고기 맛도 일품이었다. 부드러우면서도 고소했다. 갖은 채소들이 감칠맛을 더했다. 나는 밥 한 그릇을 국에 말았다. 국밥은 그 자체로도 맛있었지만, '촌놈'처럼 밥을 넣어 먹는 맛도 그만이었다. 국물이 뜨거워 혀가 데도 나는 개의치 않았다. 숟가락을 바삐 움직여 마파람에 게 눈 감추듯 국밥을 먹어 치웠다. 그때였다.

"권 사장, 나와 보더라고. 자네 소를 산다는 임자가 나타났구먼."

"아니 벌써?"

"그러게 말여. 소가 좋아 놓칠 수 없는 게지."

사실 우리 소는 참 좋았다. 생긴 것도 잘생겼고 몸매도 좋았다. 게다가 털빛이며 눈망울이며 모두 깨끗했다. 누가 보더라도 씨암소감이었다.

"10만 원 어뗘?"

"안 뎌, 12만 원 내. 12만 원 아니면 안 팔겨."

"그래, 그럼 마수걸이 아녀. 11만 원 어뗘?"

"12만 원 내라니까. 그럼 지금 당장 넘겨주지."

"그려, 그럽시다. 11만 9천 원 드리리다. 대신 조건이 있구나. 이 소 우리 집까지 끌다 줘유."

"좋습니다."

흥정은 뜻밖에 쉽게 끝이 났다. 이렇게 쉽게 흥정이 끝나는 것도 흔치 않았다. 어떨 때는 온종일 흥정만 붙다 끝나는 날도 부지기수였다. 소를 산 이는 그 즉시 주머니에 손을 넣더니 돈뭉치를 꺼냈다. 그리고 한 손에 돈뭉치를 반쯤 접어서 들고, 다른 손 엄지는 돈을 넘기고 검지와 중지는 돈뭉치의 뒤를 받쳤다. 그리고 엄지를 날렵하게 움직였다. 순식간에 지폐들이 넘어갔다. 많이 세어 본 솜씨였다. 채 1분도 지나지 않아서 돈 세기를 멈추고 센 만큼 뚝 띄어 아버지에게 건넸다. 다시 세지도 않았다.

"여기 있네. 11만 9천 원."

아버지는 돈뭉치를 받자마자 같은 방법으로 셌다. 어

린 마음에 어른들이 돈을 세는 그 모습이 어쩐지 멋져 보였다.

"맞네. 고맙네. 그럼 오늘 저녁까지 끌어다 주면 되는겨?"

"그러시게."

아버지는 돈뭉치를 허리춤 전대에 집어넣었다. 그 순간 나는 생각했다. 과연 돈이란 무엇일까. 누구는 몇 푼 육성회비조차 못 내는가 하면 누구는 뭉칫돈으로 소를 샀다. 부자는 돈이 돈을 벌어다 주어 늘 풍족하지만, 가난한 사람은 먹고 죽을 돈도 없는 것이 현실이었다. '빈익빈 부익부' 그 자체였다. 그때 비로소 나에게 꿈이 하나 생겼다.

"혁남아, 뭔 생각허냐?"

"아부지, 저도 이다음에 커서 돈 많이 버는 장사꾼이 될 거유!"

"허허. 그래, 많이 배웠구먼."

"그렇지만 돈이 다가 아니라는 것 잘 알아 둬라이. 돈은 그저 살아가는 수단일 뿐이여. 전부가 아니라 일부분이란 것 반드시 명심하거라."

"네, 아부지."

아버지는 전에 없이 자상하고 인자하게 말했다. 그날 돌아오는 길 삼십 리는 너무나 짧게 느껴졌다. 걸음마다 이 생각 저 생각이 이어지다 보니 금세 집 앞에 당도했다. 돈 잘 버는 장사꾼이 되기 위해 지금 내가 해야 할 일들에 대해 생각했다. 결론은 공부였다. 장사꾼이 되려면 공부가 필요했고, 그 공부가 나를 돈 잘 버는 장사꾼으로 인도할 것을 알았다. 나는 그렇게 막연하게나마 꿈이 생겼다. 그리고 그 꿈을 실현하고자 공부를 할 참이었다.

방 황

"아우, 정말 미치겠네."

"혁남아, 왜 그려?"

"따분해 죽겠다. 나가자!"

"아냐, 난 공부할려!"

　정수는 거부했다. 벌써 세 번째였다. 나는 하는 수 없이
혼자 도서실을 나섰다. 내가 다니던 우성중학교 교정은 늘
정겨웠다. 1학년 2학년을 거치며 정이 들었던 탓도 있지
만, 무엇보다 가능성을 심어 준 공간이라 더욱 그런지도
몰랐다. 운동장은 이미 봄으로 가득 찼다. 싸늘한 공기는

모두 사라지고 포근하고 따뜻한 기운이 넘쳐 났다. 그러나 마음 한구석은 무겁기만 했다. 벌써 중학교 3학년, 내년이면 고등학생이었다. 그래서인지 막연한 미래가 불안했다. 중학교 입학 때만 해도 '공부해서 성공하겠다'는 일념이 강했다. 그러나 작심삼일이라더니 시간이 지나면서 공부는 나에게 따분한 것으로 변질되고 있었다. 당연히 엉덩이는 자리를 지키지 못했다. 산으로 들로 야생마처럼 돌아다녔다.

"아직 실패는 아녀. 지금부터 다시 기회가 있댜. 고등학교 가서 더 열심히 하지 뭐."

나는 그렇게 스스로 위안을 삼았다. 그리고 1981년, 공주농업고등학교에 입학했다. 약속처럼 첫날부터 나는 도서실로 향했다. 국어, 영어, 수학 순서대로 계획표를 짰다. 이번이 마지막이란 각오로 24시간을 완전히 가동할 작정이었다. 한 달은 무사히 넘겼다. 작심삼일이 '작심한달'로 넘어섰다. 그러나 그다음이 문제였다. 봄바람 불며 꽃잎이 나부끼자 마음이 흔들렸다.

"남자가 얼마나 할 일이 읍쓰면 이 좋은 날 도서관에 처박혀 있냐! 참 한심하다 한심해!"

내 마음속에 정말 마귀가 들어앉았나 싶었다. 아니나 다를까! 결국, 나는 참지 못하고 운동장으로 뛰어나갔다. 운동장 주변은 막 피어난 꽃들로 화사했다. 빨강, 주황, 노랑, 초록, 파랑, 보라… 무지개 빛깔의 꽃들이 향연을 펼치고 있었다. 내가 다가가 꽃잎을 만질라치면 꽃은 소스라치게 놀라며 부끄러워했다. 나는 그만 그 모습에 매료되어 버렸다.

"공부가 뭐 대순가. 너는 젊지 않냐. 잘생겼고. 그런데 왜 도서관이야. 도서관 귀신이라도 되려고?"

악마의 달콤한 속삭임이었다. 나는 결국 그 유혹에 넘어가고 말았다. 가장 먼저 '학교 짱'을 꿈꿨다. 공부를 내팽개친 이상 젊음을 제대로 만끽하고 싶었다. 그길로 공주종합체육관을 찾았다. 권투부터 배웠다. 힘센 녀석들과 맞짱 뜨기엔 권투만 한 운동도 없었다. 고등학생 싸움은 '선빵'이 중요했다. 누가 선빵을 날리느냐가 싸움의 승패를 좌우

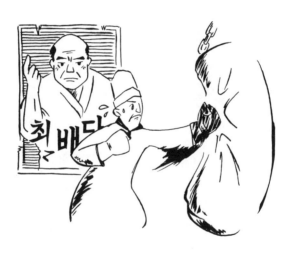

했다. 권투는 바로 그때 필요한 운동이었다. 태권도도 이어서 배웠다. 때로 싸움은 화려한 몸짓이 필요했고 태권도는 그 몸짓을 갖추기에 제격인 운동이었다. 태권도 고수들이 들으면 혼날 소리지만 말이다. 아무튼, 선빵이면 누구든 이기겠지만 화려한 몸짓까지 구사했을 땐 '최배달'이 따로 없었다. 인기 만화책인 《바람의 파이터》 주인공 말이다. 그는 '재일 한국인'으로서 온갖 어려움을 극복하고 세계 최고의 무림 고수들을 넘어뜨렸으며, '극진가라테'를 창설한 전설적인 인물이다. 당시 젊은이들은 누구나 '최배달'이 되고자 했다. 나도 예외는 아니었다. 학교 수업이 끝나면 곧장 권투 도장으로 달려갔다. 그곳에서 2시간을 꼬박 훈련하고 곧바로 웅진체육관으로 향했다. 그리고 태권도를 2시간 연마했다. 웨이트 트레이닝도 겸했다. 근육질 몸매가 필요했다. 선빵, 화려한 몸짓, 그리고 근육질 몸매 등 '삼각 틀'을 그렇게 만들어 갔다. 그렇게 운동을 마치고 밤이 되어서야 막차를 타고 집으로 돌아왔다. 그 다음 날도 마찬가지였다. 한 번 한다고 하면 반드시 하고 마는 성격이라 시간이 지나면서 실력도 부쩍 늘었다.

"야, 권혁남! 쪼그마한 게 권투 한다며?"

"……."

"정말 웃기지. 그 체구로 뭘 한다고 까불긴 까불어."

혁수였다. 나도 작았지만, 그 친구도 그렇게 큰 키는 아니었다.

"그래서 한번 뜨게?"

나는 대뜸 '맞짱'으로 맞섰다. 그동안의 훈련이 자신감을 심어 주기도 했지만, 그 친구 정도는 언제나 자신 있었다.

"어이, 요것 봐라. 많이 컸네. 그동안 가만히 뒀더니 막 기어오르려고!"

혁수가 내 자리로 다가왔다. 교실 전체에 긴장감이 흘렀다. 대부분 나를 걱정하는 얼굴이었다. 그러나 정작 나는 별로 긴장되지 않았다.

"야, 권혁남! 너 죽으려고 환장했냐?"

"억!"

나로선 긴말이 필요 없었다. 혁수가 다가오는 순간 선빵을 날렸다. 턱에 제대로 꽂혔다. 전광석화 같은 한 방이었다. 혁수는 썩은 나무둥치처럼 그대로 쓰러졌다. 그리고 움직이지 않았다.

"야, 야, 혁수야! 혁수야! 야, 어서 물 좀 떠 와."

반장이었다. 그 순간 반 친구들은 정신이 들었는지 혁수 몸을 주무르고 얼굴에 물을 뿌려야 한다고 야단법석이었다. 한참 만에 혁수가 깨어났다. 그제야 나도 안도의 한숨을 쉴 수 있었다. 혹시 잘못되면 어떻게 하나 짐짓 걱정한 것도 사실이었다. 이 일이 있은 후로 친구들은 나를 슬슬 피했다. 소문이 퍼지자 각 반의 짱들이 싸움을 걸어왔다. 그때마다 나는 선빵으로 해결했다. 그리고 얼마 안 가 나는 '학교 짱'으로 등극했다. 최배달이 부럽지 않았다. 이미 내가 '대한민국의 최배달'이었다. 그때부터 일탈이 시작됐다. 먼저 술을 배웠다. 격렬한 운동을 하고 나면 막걸리 한 사발이 생각났다. 처음에는 한 잔이었던 것이 두 잔이 되고 석 잔이 되었다. 담배도 배웠다. 심지어 담배는 교실에서도 피웠다. 몇몇 친구들이 망을 봐 주었고 또 내가 담배

연기를 뿜으면 책 부채질로 연기를 날려 주었으니 그리 어렵지 않게 담배를 피울 수 있었다. 수업 시간에 공부는 하지 않고 맹탕 딴짓만 했다. 수업이 시작되면 일대일 도박판을 벌였다. 일명 '짤짤이'라고 하는 동전 놀이였는데 돈이 있을 만한 친구를 골라 수업 시간 내내 '짤짤이'를 했다. 친구들은 하고 싶지 않아도 내가 보복하는 게 두려워 억지로 할 수밖에 없었다. 그러나 그것도 하루 이틀이지 시간이 지나면서 이마저도 지겨워졌다.

"진명아, 우리 뭐 하지?"

"글쎄, 뭘 하면 재밌을까."

"……."

"혁남아, 가자. 집 나가자."

"뭐? 가출하자고?"

"그래, 텐트 들고 나가면 재밌을겨."

"좋다! 나가자!"

단순히 재미로 가출을 선택했다. 참 철없고 어린 마음이었다. 부모님 생각은 눈곱만치도 없었다. 오로지 심심하다는 이유가 전부였다. 아무리 철없는 시기라고 하지만 참으로 대책 없는 시절이었다. 그러나 그것도 생각뿐 몸은 따로 움직였다.

"어디로 가지?"

"일단 백마강으로 가자."

"그려."

나는 진명이와 큰 배낭을 메고 백마강으로 향했다. 이미 백마강은 텐트족들로 붐볐다. 모래톱이 텐트로 가득 차 있었다. 우리도 질세라 모래톱 한가운데 텐트를 쳤다. 한참을 텐트와 씨름하고 나니 슬슬 배가 고파 왔다.

"진명아, 먹을 것 읍쓸까?"

"있어. 라면."

"라면!"

"너 족대 있지?"

"아니, 족대는 없고 모기장 있다. 족대 대용으로 해도 무방할겨."

"그래, 나가자. 강으로 나가자."

나와 진명은 백마강 상류로 향했다. 한참을 걸었다. 사람들이 많은 곳은 물고기들이 모두 도망가고 없었다. 상류로 가야 하다못해 몇 마리라도 잡을 수 있을 것이라 생각했다. 그럼 라면은 '특제 민물고기 라면'이 될 것이었다. 생각만 해도 군침이 돌았다. 나라는 놈은 내가 생각해도 참 신기하다. 하나를 먹어도 그냥 때우는 일이 없었다. 어떻게 하면 더 맛있게 먹을 수 있을지 연구했다. 스스로 절대 미각이라 했으니 어쩌면 당연한 일인지도 몰랐다.

"자, 진명아, 후려 봐."

진명은 강어귀 풀밭을 미친년 널뛰듯 첨벙첨벙 뛰어다녔다. 나는 그 장단에 맞춰 텐트용 모기장을 들었다 놓았다 반복했다. 성과는 있었다. 주로 송사리나 피라미였지만 미꾸라지도 몇 마리 보였고 붕어도 한 마리 있었다. 우리는 곧바로 텐트로 내려갔다. 이제 허기지다 못해 등짝과 뱃가죽이 들러붙을 지경이었다.

"진명아, 너는 버너 좀 켜고 물 좀 올려라. 나는 그동안 이 고기들 손질할겨."

"좋아."

민물고기는 생각보다 손질이 쉬웠다. 소금과 호박잎이
면 만사형통이었다. 30분이 지났을까. 내가 텐트로 갔을
때 진명은 이미 냄비에 물을 끓이고 도마와 칼까지 준비해
놓고 있었다.

"와, 빠르네이."

"그러게."

"요리는 니가 해라. 나는 영 파이다."

"그려, 좋아."

나는 마치 요리사가 된 듯 요리를 시작했다. 먼저 냄비
에 잘 씻은 민물고기를 넣었다. 그리고 한참 팔팔 끓였다.
그런 다음 붕어 가시를 골라내고 대파, 고추, 마늘을 넣었
다. 먹음직스러웠다. 민물고기가 으깨진 뽀얀 국물이며 물
렁해진 대파까지 뭔가 일을 낼 것 같았다. 한참 후 나는 라
면 4봉지를 넣고 곧바로 스프를 넣었다. 부글부글 끓어오
르는 모습을 보고 있자니 침이 꿀꺽 넘어갔다. 마지막으로
뚜껑을 덮고 5분여를 더 끓였다. 그리고 뚜껑을 열었다.

"와, 맛있겠다!"

진명은 나뭇가지로 직접 만든 젓가락을 들더니 냄비를 향해 공격적으로 달려들었다. 그리고 양껏 라면을 집어 냄비 뚜껑 위에 올리더니 후루룩 입안으로 집어넣었다.

"우와, 증말 맛있다. 뭐 이런 게 다 있다냐!"

감탄사를 연발했다. 나는 기분이 좋았다. 요리하는 사람은 다른 사람이 자신이 만든 음식을 맛있게 먹어 줄 때 행복하다. 그때였다.

"우리도 한 젓가락 주면 안 될까? 맛있어 보이는디!"

옆 텐트지기였다.

"안 될 건 없지유. 어서 와서 드세유."

옆 텐트지기는 염치 불구하고 냄비 뚜껑을 들었다. 그리고 내 젓가락을 들더니 곧장 라면을 집어 올려 입으로 가져갔다.

"헉, 맛있다! 정말 맛있네유! 이런 맛 생전 처음이에유!"

귀엽고 앙증맞은 목소리였다. 그날 나는 또 한 번 요리의 기쁨을 맛보았다.

다음 날 늦게 일어났다. 지난밤 진명과 나는 무한 자유를 만끽했다. 술도 담배도 마음대로였다. 노래도 불렀다. 천국이 따로 없었다. 이곳이 바로 천국이었다. 그렇게 며칠이 지났다.

"혁남아, 우리 해운대 한번 가 보자. 텐트 있으니 돈도 별로 안 들 것이고 먹을 거야 좀 얻어먹으면 되지 뭐."

"그려, 나도 가 보고 싶었는디. 가자."

나와 진명은 그 즉시 짐을 쌌다. 그리고 부산 해운대로 향했다. 그렇게 도착한 해운대는 별천지였다. 넓은 백사장, 푸른 물결, 수많은 사람들… 눈을 어디에 두어야 할지 몰랐다.

"야, 진명아, 증말 멋있다. 그지?"

"글게 말이여. 진작 올 걸 그랬어."

저녁이 되자 천지가 화려한 조명 빛으로 물들었다. 나와 진명은 옆 텐트 친구들과 어울렸다. 부산대학교 학생이라고 했다. 우리도 대학생이라고 속이고 며칠을 재미나게 놀았다. 그러나 마음 한구석이 점점 무거워지기 시작했다.

여학생들과 웃고 떠들 때도, 밤이 깊어 잠을 청할 때도 그 불안감은 계속됐다. 그렇게 시간이 흘러 집을 나온 지 열흘째 되던 날이었다.

"진명아, 이제 우리 돌아가자. 너무 논 것 같다."

"싫어. 나는 고향으로 가진 않을 거여."

"그러지 말고 가자. 가서 생각하자."

나는 진명을 한참 설득했다. 결국, 마지못해 진명이도 동의했다. 그 다음 날 아침 일찍 우리는 공주행 기차를 탔다.

"아이구, 이눔아, 어디 갔다 왔냐이?"

어머니였다. 대문 앞에 나와 신작로를 바라보던 어머니가 달려오셨다. 어머니 얼굴을 보니 눈물이 쏟아졌다.

"엄니 죄송해여. 다시는 안 그럴 거유."

어머니는 나를 덥석 안더니 말씀하셨다.

"알았다, 알았어. 잘 돌아왔다."

그 소리를 들었는지 대문 앞엔 이미 가족들이 모두 나와 있었다. 할아버지 할머니를 비롯한 큰아버지 큰어머니 누

나들 여동생들 그리고 아버지까지 모두 모여 있었다. 5남매 외동아들이 가출했으니 당연한 일이었다. 나는 순간 겁이 더럭 났다. 아버지는 늘 원칙을 강조하셨고 원칙을 어길 때마다 매를 드셨다. 분명 오늘도 예외는 아닐 거라고 생각하니 두려움이 앞섰다.

"아버지, 죄송합니다. 다시는 그러지 않을 거유."

"알았다. 어여 들어가라."

뜻밖에 아버지는 아무 말씀이 없으셨다.

지금 생각하면 내가 벌인 모든 사건 사고가 죄송한 일이지만 당시에 나는 그런 경험을 통해 '새로운 나'를 발견했던 것 같다. 나라는 인간은 누군가가 만들어 놓은 길을 단순히 따라가는 수동적인 사람이 아니라, 앞장서서 새로운 길을 개척하는 능동적인 사람임을 깨달았던 것이다.

"나는 정적인 일과 맞지 않는다. 역동적이고 도전적이고 활동적인 일이 내 일이다."

희한하게도 일탈의 경험은 나를 가르쳤다. 나는 미소를 지으며 인정했다. 방황 속의 깨달음이었다.

상경

　1983년 11월. 날씨는 전에 없이 추웠다. 아직 11월인데
도 추위는 살을 에는 듯 추웠다. 게다가 간간이 눈발까지
날렸다. 학력고사 때면 늘 춥다고 하지만 그해는 다른 해
보다 유난히 더 추웠던 것 같다. 하지만 마음만은 자유로
웠다. 그동안 다른 친구들은 학력고사를 준비한다고 야단
법석이었다. 거의 매일 밤을 새운다고 할 정도로 열심이었
다. 그러나 나는 조급할 것이 없었다. 좋은 대학을 가는 것
이 내 목표는 아니었기 때문이다. 학교에 가면 위인전을
읽고 친구들과 웃고 떠들고 놀며 한껏 여유를 즐겼다. 학

력고사 당일도 마찬가지였다. 긴장한 나머지 다들 얼굴이 쇳덩이처럼 굳어 있었지만 나는 웃는 얼굴로 고사장에 들어섰다. 시험도 소위 '찍기'의 연속이었다. 시험이 끝나자마자 곧바로 술집으로 향했다. 잘 보든 못 보든 시험이란 어려운 관문을 통과했으니 막걸리로 자축이 필요했다.

"혁남아, 넌 대학 안 갈 거여?"

진우였다. 내가 한심해 보였던지 한마디 툭 던졌다.

"대학 그거 가야 혀냐. 너는 어떻게 할 건디?"

"가야지. 다들 대학을 가는데 안 가면 그것도 이상하지 않을까?"

순간 대학이란 단어가 뇌리에 꽂혔다. 대학이라. 도대체 인생에서 대학이란 무엇일까. 스스로 고민에 빠졌다. 집으로 돌아오는 길에 나는 그 어느 때보다 진지했다. 고등학생 시절 내내 일탈만 일삼았다. 그런데 대학이란 변수가 등장했다. 게다가 내가 '못난이'라고 생각했던 친구들까지 대학을 간다고 했다.

'그래, 나도 대학을 가 보자. 일단 대학을 가서 생각해

보자.'

스스로 결정했다. 그러나 대학교들은 이미 전기 모집을 모두 마친 상태였다. 게다가 내 학력고사 점수로 전기 대학을 가기란 불가능했다. 후기 대학뿐이었다. 그것도 점수에 맞춰 가자면 서울은 언감생심 꿈도 못 꾸었고, 지방 대학교나 전문 대학은 어쩌면 가능할 것 같았다.

"선생님, 저도 대학을 가려고유. 어디로 가면 될까유?"

선생님은 갑자기 진지해진 나를 보며 웃으셨다.

"그래! 근데 어디를 갈 수 있을까….."

"친구들은 모두 대학을 간다고 하던데 저도 갈 수 있게 도와주세유."

내 진심 어린 부탁이 선생님의 마음을 흔들었는지 선생님은 후기 대학 입시 요강을 뒤적이셨다.

"혁남아, 여긴 어떨까?"

예산농업전문학교였다.

"예, 선생님. 좋습니다. 보내 주세요."

나는 군소리 한마디 없이 대답했다. 선생님도 기분이 좋

으셨던지 그대로 원서를 써 주셨다. 그렇게 나는 불과 한두 달 전만 해도 전혀 생각지 않았던 대학에 입학하게 되었다. 예산농업전문학교 식물보호과 84학번이었다. 처음 대학 생활은 그런대로 재미있었다. 고등학생 때처럼 밤샘 공부도 없고, 친구들과 당구 치고 술 마시고 연애하면 그만이었다. 하지만 그런 생활 속에서도 뭔가 답답함이 일었다. 미래에 대한 막연한 불안감이 마음을 짓눌렀다. 어떻게 먹고살아야 할지 고민이었다. 그때 나는 색다른 인생의 전환점을 찾고 싶었다.

그 무렵 내 선택은 입대였다. 그것도 일반 군대가 아니라 해병대를 선택했다. 나랑 가장 잘 어울리는 군대 같았다. '귀신 잡는 해병'이란 수식어도 좋았고 '한 번 해병은 영원한 해병이다'라는 글귀도 좋았다. 나는 그곳에서 진정한 도전 정신을 배우고, 체력을 단련하고, 미래를 설계하고 싶었다. 그야말로 '일석삼조'를 노렸다. 실제로 해병대는 나를 하나씩 개조시켜 나갔다. 정신 교육은 불굴의 도전 정신을 이끌어 냈고, 전투 훈련은 체력 보강을 넘어 단단한

철인이 되도록 했다. 하루하루 나는 강한 대한민국의 해병으로 거듭났다. 미래에 대한 두려움도 조금씩 사라졌다. '젊음이 있는데 무슨 걱정이냐'는 자신감이 솟아났다. 그렇게 해병대는 나를 '대한민국의 영원한 해병'으로 재탄생시켰다.

1986년, 제대를 한 후 나의 사회생활도 시작되었다. '사회'라는 냉혹한 현실, 그것은 만만치 않았다. 다시는 없을 것 같았던 방황도 시작되었다. 고등학생 시절, 철없이 가출했던 그때처럼 정처 없이 전국을 떠돌았다. 하지만 이번엔 달랐다. 가는 곳마다 의미를 찾았다. 내가 그곳에서 무엇을 할 수 있을지 고민했다. 그러나 그 어디에도 나를 받아 줄 곳은 없었다. 사실 돈도 없고 배경도 없는, 가진 거라곤 젊음 하나뿐인 '털북숭이'를 받아 줄 사람은 어디에도 없었다. 그만큼 사회는 냉혹했다. '최배달'을 꿈꾸던 철없던 시절에는 미처 몰랐던 현실이었다. 하지만 그 현실을 깨달으며 나는 비로소 내 인생의 항로를 결정하게 되었다. 1년의 방황 끝에 내린 결론이었다.

'서울로 가자. 사회가 그리 냉혹하다면 큰물에서 놀자. 옛말에 망아지를 낳으면 제주로 보내고 자식을 낳으면 서울로 보내라고 했다. 사회생활의 시작을 서울에서 하자. 그럼 더 큰 사회를 볼 수 있지 않을까.'

순간 가슴이 마구 뛰었다. 나의 호기심은 요동쳤고 성공의 야망은 불타올랐다. 그렇게 1989년, 24살이 되던 해에 나는 '기회의 땅' 서울로 향했다.

세븐일레븐

따르릉 따르릉 따르릉!

따르릉 따르릉 따르릉!

새벽 4시였다. 자명종 두 대가 연속으로 울렸다. 엇박자로 울려 더 시끄러웠다. 제아무리 잠꾸러기라고 하더라도 깨지 않고는 못 배길 것 같았다.

나는 습관적으로 두 대의 자명종을 준비했다. 한 대로 부족해서가 아니었다. 혹시 모를 건전지 방전이나 고장으로 일을 그르칠까 걱정됐기 때문이다. 그만큼 철두철미했다. 사투리도 마찬가지였다. 서울로 올라오면서 사투리를 아예 버렸다. '촌놈'이란 낙인이 싫었고, 사람들이 나를 알기도 전에 지역적 선입견을 갖는 것이 싫었다. 정글에 살려면 정글의 법칙이 필요하다. 사람에 대한 선입견이나 편견은 경쟁 실패를 불러온다. 두 대의 자명종을 준비하고 사투리를 고친 것은 성공을 향한 나의 집념이었다.

생각도 잠시, 요란한 자명종 소리 때문에 눈이 번쩍 뜨였다. 첫 출근이라 긴장한 탓이기도 했다. 일단 서울이라는 정글에서 살아가기 위해 내가 정한 첫 번째 법칙은 '새벽형 인간'이다. 나름 개과천선해 보겠다는 의지였다. 그동안 나는 인생을 대충 살았다. 그러나 해병대를 제대하고 1년 동안 방황하면서 나는 달라졌다. 사회는 '야생이 그대로 살아 있는 정글' 그 자체였다. 살아남으려면 남들과 다른 나만의 경쟁력이 필요했다. 남과 똑같다면 굳이 나를 쓸 필요가 없는 것이 사회요, 시장이었다.

"벌써 나가게?"

외삼촌이었다. 자명종 소리에 깬 모양이었다.

"빨리 출근하려면 지금 나가야 합니다."

"그래, 열심히 해라."

외삼촌도 변한 내 모습에 흡족하셨는지 엷은 미소를 지으셨다. 사실 내 사회생활의 첫발인 첫 직장도 외삼촌이 소개해 들어간 곳이었다. 성장 가능성이 매우 높은 기업이라면서 외삼촌은 "너 하기에 달렸다"는 말까지 덧붙이셨다. 나는 외삼촌의 그 기대를 저버리고 싶지 않았다.

외삼촌이 소개한 동화산업은 외삼촌 말대로 성장 기업이었다. 당시 동화산업은 미국 사우스랜드사와 계약을 맺고 국내 최초로 24시간 편의점인 '세븐일레븐' 사업을 시작했다. 아직 사업 초기라 겨우 1호점을 낸 상태였지만 회사는 역동적이었고 성장 가능성도 커 보였다. 입사하자마자 나는 세븐일레븐 사업팀 2기로 선발됐고 본사 근무를 지시 받았다.

"외삼촌, 다녀오겠습니다!"

"그래, 차 조심하고."

"네."

나는 어슴푸레 새벽 공기가 짙게 깔린 동네 어귀를 벗어나 버스 정류장으로 향했다. 곧 구파발행 첫 버스가 왔다. 버스에 올라탔지만, 승객이라곤 나 혼자뿐이었다. 나는 신문을 펴 들었다. 그리고 1면부터 한 자도 빼놓지 않고 읽었다. 정치, 경제, 경영, 증권, 부동산, 문화, 사회면을 차례대로 읽어 내려갔다. 필요하다면 메모도 했다.

"다음 정차 역은 종착역인 구파발, 구파발입니다."

벌써 구파발역이었다. 신문은 아직 절반도 읽지 못했다. 구파발역에서 지하철로 갈아타고 다시 신문을 읽었다. 기사 하나하나 놓치지 않고 정독했다. 야생이 살아 있는 정글에서 살아남으려면 분명 남다른 것이 필요했고 그 경쟁력의 첫 습득 수단으로 신문을 선택했다. 신문을 통해 정보를 얻었을 뿐만 아니라 지식도 쌓을 수 있었다. 처음 신문을 정독할 때는 아침 출근 시간 2시간 내내 읽어야 했지만, 시간이 지나면서 그 시간은 점점 줄어들었다. 그리고 어느 순간 신문 2개를 통째로 읽을 정도로 발전했다. 그만큼 정보와 지식도 쌓여 갔다.

"아저씨, 문 좀 열어 주세요."

"아니, 벌써 출근한 거야?"

"네."

나는 늘 가장 먼저 회사 건물의 현관문을 열고 들어갔다. 그렇게 사무실에 들어서면 밤새 내려앉은 깊은 적막감이 나를 반겼다. 나쁘지 않았다. 나는 그곳에 생기를 불어넣는 마음으로 청소부터 시작했다. 먼저 바닥을 쓸고 닦은 다음 책상은 걸레질로 마무리했다. 그리고 하루 업무를 준비했다. 오전 업무와 오후 업무로 나눈 다음 필요한 정보를 찾았다. 그때쯤이 되어야 동료가 하나둘 출근했다. 그럴 땐 왠지 뿌듯함을 느꼈다. '일찍 일어나는 새가 먹이를 먼저 찾는다'는 속담도 생각났고, '일근천하무난사*'라는 정주영 현대그룹 창업주의 좌우명도 생각했다. 그럴 때면 마음속에 뭔가 모를 야망이 꿈틀거렸다.

"뭐야, 권혁남 씨는 벌써 나온 거야? 참 대단하네. 집도 멀다면서."

---

* 일근천하무난사(一勤天下無難事)란 근면하게 살면 세상에 어려움이 없다는 뜻이다.

"아니에요. 재미있습니다."

"자네는 분명 성공할 거야. 두고 봐."

"아이고, 고맙습니다."

나는 좀 과장되게 대답했다. 선배도 나쁘지 않았는지 잔잔하게 웃었다.

"권혁남 씨, 회의 준비하세요!"

"네, 알겠습니다."

나는 잘 정돈된 회의실로 들어갔다. 그리고 책상마다 작은 물병을 가져다 놓고 가운데에 OHP를 준비했다. 그때 동료들이 회의실로 들어왔다.

"어, 물이네? 언제 준비했지?"

"아침에요."

"하여튼 권혁남 씨는 부지런해."

"OHP도 준비했네. 고마워."

칭찬 일색이었다. 아직 신입 사원이라 좀 서툴긴 했지만, 새벽부터 일등 출근을 하며 준비한 보람이 있었다. 칭찬은 그저 듣는 게 아니었다. 그만큼 남모르는 노력이 있었기에 가능했다.

"그럼 회의 시작하겠습니다."

세븐일레븐 사업팀장이었다.

"세븐일레븐은 쉽게 말하면 24시간 편의점입니다. 말 그대로 하루 24시간을 운영합니다. 우리가 생활하는 데 필요한 모든 물품이 있습니다. 칫솔, 비누, 면도기, 과자, 물, 음료수 등등 모두 다 있습니다."

참을 수 없는 호기심이 발동해 나도 모르게 손을 들고 질문했다.

"그럼 김밥도 있습니까?"

"네, 김밥도 라면도 다 있습니다. 생활에 필요한 모든 물품이 다 있습니다."

'가정 만물상'이 따로 없었다. 실제 24시간 편의점은 가정을 위한 만물상이었다. 그날부터 업무만 끝나면 편의점을 연구했다. 미국이나 유럽의 사례들을 집중적으로 탐구했다. 편의점에 대해 알면 알수록 놀라운 것투성이였다. 동네에서 보던 우리네 점방과 아주 다른 모습이었다. 그러나 점방처럼 전국 곳곳에 편의점이 들어선다고 했다. 충격이었다. 소매 유통 구조와 소비 문화를 완전히 바꾸는 변화였다. 얼마 안 가 우리네 점방은 흔적조차 없이 사라질 것이란 예감이 들었다. 그때 나는 현장 실습이 필요하다는 사실을 깨달았다.

"팀장님, 저 부탁이 있습니다."

"뭐?"

"저 현장에 보내 주세요. 편의점에서 직접 일하고 싶어요."

"뭐? 정말이야? 남들은 어떻게 하면 안 갈 수 있을까 궁리하고 있는데 어떻게 자넨 거꾸로야."

"꼭 현장에 가서 배우고 싶습니다. 보내 주세요."

"그래, 그럼 내가 이야기해 보지."

그 다음 달, 정말로 직영점 점원으로 발령이 났다. 남들이 뭐라 해도 현장에서 배울 절호의 기회를 잡은 것이니 기쁠 수밖에 없었다. 다음 날부터 새벽같이 출근했다. 그렇다고 신문 읽기를 멈춘 것도 아니었고 편의점 연구를 그만둔 것도 아니었다. 하던 것은 그대로 하면서 그동안 연구한 내용을 현장에 하나씩 접목해 나갔다. 일단 잘 팔리는 상품은 눈높이로 배치했다. 그중에서도 잘 나가는 상품은 특별히 매장 앞줄에 배치했다. 신상품은 특별히 계산대 앞에 배치했다. 그러다 보니 일이 많아 퇴근은 항상 늦었다. 상품 진열을 이리 바꾸고 저리 바꾸다 보면 금세 10시를 넘어섰다.

"아니, 권혁남 씨, 뭘 그리 열심히 하나? 시간 되면 퇴근해야지."

점장은 퇴근 시간이 지났는데도 남아 있는 나를 보고 안 됐다는 듯 이야기했다.

"점장님, 먼저 가세요. 저는 이것 마저 진열하고 퇴근할게요."

"그러지 말고 밥이나 먹자. 내가 살게."

"네, 좋아요."

나는 밥이란 말에 귀가 번쩍 뜨였다. 요즘 너무 바쁜 나머지 맛을 볼 시간이 도통 없었다. 하나를 먹어도 제대로 먹고 맛나게 먹는 나였건만 어느새 그 재미를 멀리하고 살고 있었다.

"점장님, 그럼 우리 맛집을 가는 건 어떨까요?"

"그래, 이 근처에 칼국수를 잘하는 집이 있는데… 어때? 괜찮아?"

"네, 좋습니다."

사실 나는 면 요리를 정말 좋아했다. 어린 시절 엄마가 해 주던 음식 맛이 느껴져서 그런지 면을 보면 정겨웠다. 그래서 나도 모르게 면을 즐겼다.

"어서 오세요. 자주 오시네."

"네, 칼국수 되죠?"

"그럼요."

칼국숫집 여주인은 점장님을 보고 아는 체했다. 목소리조차 구수한 것이 칼국숫집 여주인다웠다.

"그래, 오늘은 무얼 드실라나?"

"닭칼국수 어떨까요?"

"좋지!"

"두 개 주세요."

식당에서 맛집다운 분위기가 느껴지자 문득 조리실이 궁금했다. 나도 칼국수에 대해서라면 일가견이 있었다. 어릴 때부터 엄마가 칼국수 만드는 모습을 늘 곁에서 지켜봐 왔고 가끔 엄마처럼 칼국수를 만들어 먹기도 했다. 사실 엄마 칼국수는 단순했다. 밀가루와 콩가루 조금을 반죽해서 밀개로 밀고, 이를 잘게 썰어서 육수 없이 찬물에 끓였다. 그리고 애호박이나 감자를 곁들였다. 특별한 맛이 없을 것 같지만 양념을 얹으면 맛이 달라졌다. 엄마의 특제 양념이었다. 일단 조선간장과 국간장을 절반씩 섞고 그 속에 국산 고춧가루, 마늘, 쪽파, 풋고추를 다져 넣었다. 그리고 칼국수 위에 얹으면 천상의 맛이 따로 없었다.

"주방 좀 봐도 되나요?"

"네? 주방은 왜요?"

"그냥 궁금해서요."

"그래요. 보세요."

여주인은 아주 쉽게 주방을 공개했다. 여주인에게서 왠

지 모를 자신감이 배어 나왔다. 주방은 그리 크지 않았지만 바닥은 깨끗했고 조리대는 모두 허리 높이였다. 조리대 오른쪽은 칼국수를 손님상으로 내가기 쉽도록 설계했고 그 왼쪽 옆에는 칼과 도마가 놓여 있었다. 그리고 그 옆엔 육수가 은은한 불에 끓고 있었다. 참 아담하면서도 깔끔한 주방이었다.

"정말 대단합니다. 보여 주셔서 고맙습니다."

하얀 조리복을 입은 주방장에게도 인사를 했다.

"사장님, 이거다 이거."

나는 엄지손가락을 세워 보이며 말했다. 여주인은 웃음으로 인사를 받았다. 얼마 안 있어 칼국수가 나왔다. 양념도 함께 나왔다. 순간 깜짝 놀랐다. 엄마 양념이었다. 고춧가루도 보이고 쪽파, 풋고추, 마늘까지 듬뿍 담겨 있었다. 일단 보기엔 합격이었다. 먹어 보지 않았지만 분명 맛있을 것 같았다.

"자, 먹자. 이 집은 좀 독특해. 정말 맛있지."

"네."

나는 재빨리 숟가락을 들고 닭칼국수 국물을 맛보았다.

"맛있다!"

일단 육수 맛이 남달랐다. 느낀 대로라면 일단 무와 다시마, 양파, 마늘, 그리고 쇠고기 맛이 났다. 한약재 맛도 빠지지 않았다. 고기 냄새를 잡으려고 그랬을 거란 생각이 들었다.

"아주머니, 정말 맛있네요. 그런데 한약재 냄새가 나네요?"

"그래요, 그게 느껴져요? 점장님도 알았어요?"

"아니요, 칼국수에 한약재가 들어가요?"

"혁남 씨라 그랬나요. 참 대단한데요. 맞아요. 고기 냄새 잡으려고 한약재를 쓰고 있어요."

내 입은 틀림없었다. 다시 한 번 스스로 절대 미각을 입증한 셈이었다. 역시 그 집 칼국수는 내가 예상했던 것처럼 여주인의 성격과 닮아 있었다. 시원하면서도 감칠맛 나는 국물이 그랬고 차지면서도 부드러운 면이 그랬다. 게다가 닭고기도 혀끝에서 살살 녹았다. 나는 그날 세 그릇을 뚝딱 해치웠다.

다음 날, 나는 칼국수 먹는 꿈을 꾸다 잠에서 깼다. 새벽 4시였다. 본사를 다닐 때와 마찬가지로 새벽 4시에 일어나서 7시면 출근했다. 청소나 정리, 정돈도 마찬가지였다. 당연히 매장의 매출은 점점 늘었다. 처음 10%, 20% 올라가던 매출이 어느 순간 50%, 100% 늘었다. 정말 놀라운 성장이었다. 그러나 사실이었다.

따르릉 따르릉!

"여보세요, 권혁남입니다."

"혁남 씨, 승진했어. 3호점 점장이래."

순간 나는 내 귀를 의심했다. 아직 입사한 지 얼마 되지 않았는데 '점장'이라니 놀라울 따름이었다. 나는 정말 기뻤다. 점점 성공에 다가가는 것 같았다.

점 장

"점장님, 벌써 나오셨어요?"

낮 근무자였다. 당시 세븐일레븐은 하루 8시간씩 삼교대 근무였다. 아침 8시, 오후 4시, 밤 12시 등 하루 3차례 교대 했다. 그러나 누구도 정해진 시간보다 일찍 나오는 직원이 없었다. 정확히 그 시간을 맞추면 다행이었고 시간보다 조금 늦게 출근해도 서로 넘어가 주는 분위기였다. 배려라기 보다는 주인 의식이 없었다. 일하는 이들은 단순 월급쟁이 에 불과한 듯했다. 그러나 나는 달랐다. 입사 첫날부터 '일 등 출근 꼴등 퇴근'을 내 일처럼 했으며 어느 곳에서든 주인 의식을 가지고 일했다. 성실히 일한 덕분인지 성과도 좋았다. 본사 근무할 때도 상사들의 칭찬을 받았으며 매장 점원일 때도 그 편의점을 '일등'으로 만들었다.

"안녕하세요! 점장님, 일찍 나오셨네요."

"어이, 어서 오게."

"점장님, 여긴 일찍 나오셔도 소용없어요. 잘 안 되는 곳이에요."

깜짝 놀랐다. 이미 패배 의식이 가득했다. 매장 혁신도 만만치 않겠다는 생각이 들었다.

"주변에 이렇게 아파트가 많은데 왜 안 될까?"

"글쎄요, 저도 모르겠어요. 하여튼 안 돼요."

'하여튼 안 된다.'

이 말은 밑도 끝도 없는 말이었다. 어떤 시도도 하지 않았다는 뜻이었다.

"그럼 저랑 한번 해 볼래요? 분명히 될 겁니다."

"네에?"

점원은 기겁했다. 그러나 나는 아랑곳하지 않고 매장 혁신을 단행했다. 일단 인기 상품은 모두 눈높이로 진열했다. 물론 판매량이 많은 것은 앞쪽 적은 것은 뒤쪽으로 진열했다. 하단 진열은 지금 상태를 유지한 채 눈높이 진열과 일치시켰다. 눈높이 진열이 칫솔이었다면 그 아랫단은 치약으로 진열하는 식이었다. 신상품은 전과 같이 계산대 앞에 진열했다. 그러자 매출은 예상대로 증가했다. 10%, 20%씩 매일 고성장을 거듭했다.

"정말이네요. 되네요!"

점원도 놀라는 눈치였다. 나는 내가 실행한 방법을 하나씩 기록해 매뉴얼로 만들었다. 교대하는 근무자끼리 정보를 공유하자는 차원에서였다. 삼교대이다 보니 정보의 흐름이 원활하지 못했다. 당연히 혼란이 생기고 이것이 매출 감소로 이어지는 수도 많았다. 나는 매뉴얼을 만들어 상품 진열이 어떻게 바뀌었는지, 신상품은 어디에 진열했는지, 오늘 할 일은 뭔지, 마지막으로 어떤 상품을 주문하고 퇴근해야 하는지 등 인수인계 내용을 빼곡하게 적어 넣었다. 그리고 매뉴얼을 교대자끼리 서로 점검하고 사인한 뒤 넘겨받도록 조치했다. 결과는 대만족이었다. 일단 책임 소재를 서로에게 미루는 일이 없었다. 당연히 업무 효율이 좋아지면서 성과는 올랐고 이는 매출 상승으로 이어졌다.

그다음은 친절이었다. 24시간 편의점이란 그야말로 백원 떼기 장사였다. 고객 마케팅을 한다는 것은 불가능했다. 이 때문에 매장에서 마주하는 고객들과의 접점이 매우 중요했다. 이 접점을 위해 '고객 만족'을 표방하고 마음 사기에 나섰다. 사실 어느 편의점이든 점원들의 태도는 대동소이했다. 무표정으로 일관한 채 기계적인 말과 행동이 전부였다. 나는 이를 바꾸고자 했다. 그러나 삼교대 근무자를 교육시킬 방법이 없었다. 하는 수 없이 직접 시범을 보이며 현장 교육을 시작했다. 오전 근무자, 오후 근무자 심지어 야간 근무자와 함께 일하면서 내가 먼저 손님 응대법을 보이고 따라 하게 했다. 처음엔 어색하다며 직원들이 반발했다.

"점장님, 너무한 것 아닙니까? 솔직히 우리가 몇 푼이나 받습니까!"

"기순 씨, 기순 씨가 생각해 봐. 늘 밝은 얼굴로 생활하면 어떨까? 달아나던 복도 돌아오지 않을까? 나는 믿어. 그리고 매출이 늘어나면 여러분은 점점 승진할 거고 그럼 언젠가 이런 가게 하나쯤 하지 않을까?"

나는 매일 직원들을 설득했다. 처음엔 모두들 완강하게 버텼다. 그러나 내 진심이 통했는지 직원들이 서서히 나를 따르기 시작했다.

본사 마케팅 물품도 최대로 활용했다. 입간판을 보기 좋게 매장 앞으로 진열하는가 하면 걸개광고를 매장 안에 적절히 배치했다. 무작위로 배치하는 것이 아니라 매장 분위기에 맞게 감각적으로 장식했다.

마지막으로 성과급을 들고나왔다. 진정한 혁신은 현장에서 일어나는 법이니, 그들에게 보상을 제대로 해 줘야겠다는 생각이었다. 아무리 회사에서 강제하더라도 마음에서 우러나오지 않으면 그 어떤 혁신도 '말짱 도루묵'이었다. 나는 이를 바로잡고자 '판매량에 따른 수당'을 내걸었다. 내 아이디어를 들은 점원들은 처음엔 긴가민가했다.

그러나 첫 달이 지나고 실제 목표량을 초과 판매한 점원에게 수당이 지급되는 것을 보고 점원들은 갑자기 달라졌다.

이러한 노력은 매출 향상으로 이어졌다. 하루 50% 이상 늘어나는가 싶더니 월간 기준으로 50% 이상 늘어난 경우도 허다했다. 그때였다.

"권혁남 씨, 본사 발령 났다. 빨리 본사로 들어오래요."

이번엔 선배의 전갈이었다. 본사 사무실이 너무 바빠 손이 모자란다고 했다. 편의점 사업이 하루가 다르게 커 가면서 본사의 인력 지원이 시급했다. 그러니 당장 복귀하란 명령이었다. 아쉬웠지만 어쩔 수 없었다. 현장 근무 2년 만의 복귀였다.

현 장 박 사

"권혁남 씨, 왜 재고가 모자랄까요?"

"네? 그게 무슨 말입니까?"

"각 매장에 가 보면 장부상 재고와 실제 재고가 너무나 많이 차이 나요. 도대체 어떻게 된 거죠?"

"아, 도둑질 때문이에요."

"도둑질이요?"

"네, 점원이나 아르바이트생들이 물건을 훔쳐 가기 때문입니다."

"아, 눈 뜨고 코 베어 간다더니, 내부에 적이 있었군요.

막을 방법이 없을까요?"

"글쎄요⋯."

"그럼 권혁남 씨가 한번 해결해 볼래요?"

본사에 출근하자마자 받은 임무였다. 사실 재고 관리 문제는 심각했다. 전 매장에 포스 시스템이 잘 구축되어 있었지만, 마음먹고 하는 도둑질은 손쓸 방법이 없었다. 하루 동안 적게는 300만 원, 많게는 500만 원가량의 물품을 도난당했다. 한 점포로 따져도 만만치 않은 금액인데 전 점포를 합치면 상상을 초월한 금액이었다. 본사는 즉시 대책 마련에 나섰다. 당장 '재고실사팀'을 만들고 인재들을 모았다. 나도 그 일원으로 차출되었다.

"팀장님, 일단 매장마다 CCTV를 설치하시죠."

"글쎄요, 비용이 너무 많이 들어갈 것 같은데요."

"직원 교육을 하는 것은 어떨까요. 정기적으로 말입니다."

"좋아요. 그것도 한 방법입니다."

"계산 안 된 물품이 나가면 경고음이 울리도록 하면 어떨까요?”

“잠복근무를 하면 어떨까요?”

정말 다양한 방법들이 나왔다. 그러나 현실적으로 불가능한 아이디어들이 많았다.

“자, 현실적으로 가능한 일부터 먼저 합시다.”

듣고만 있던 나는 생각 끝에 아이디어를 냈다.

“팀장님, 제게 한 가지 아이디어가 있습니다.”

“뭐죠?”

“본보기를 보이는 겁니다. 도둑질한 현장을 잡아서 경찰에 신고하고 벌을 받게 하는 거죠. 그리고 그 내용을 전 매장에 뿌려 알리는 겁니다.”

“네?”

“싸움에서 선빵이 중요하듯 도둑질도 일벌백계로 다루는 것이 좋을 것 같습니다.”

“… 좋습니다. 그런데 본보기를 어떻게 잡죠?”

“제게 생각이 있습니다. 맡겨 주십시오.”

“네, 그렇게 합시다.”

나는 그 즉시 과거 일했던 매장으로 달려갔다. 그리고 물품을 점검한다는 이유로 진열된 상품을 그대로 사진에 담았다. 그리고 잠복근무에 돌입했다. 역시 매장 아르바이트생이 물건을 도둑질하는 모습이 보였다. 늘 심증은 있었으나 물증이 없어 의심 수준에서 끝냈지만, 이번에는 상황이 달랐다. 확실한 증거를 포착했다. 그리고 사진 증거와 함께 경찰에 곧바로 신고했다. 경찰은 그 아르바이트생을 절도 현행범으로 체포했다. 그 후 아르바이트생은 법의 심판을 받았다. 이 사실이 전 매장에 알려지자 '매장 도둑질'은 현저하게 줄었다. 순익도 그만큼 늘어났다.

사실 본보기를 보이는 것은 너무나 단순하고 극약 처방임이 분명했다. 항구적인 대책이 필요했다. 계속해서 본보기를 보인다는 이유로 젊은 아르바이트생을 범죄자로 만들 수는 없는 노릇이었다.

"팀장님, 계속 본보기만 찾지 말고요, 근본적인 대책이 필요할 것 같습니다."

"어떤 방법이 좋을까?"

"CCTV를 설치해야겠지요."

"비용이 너무 많이 드니 문제지."

"제게 방법이 있습니다. 일단 핵심 매장 몇 곳에만 설치하는 겁니다. 그리고 직원들에게는 모든 매장에 설치했다고 하는 거죠. 잔꾀지만 좋은 방법이 될 것 같습니다."

"음, 그것도 좋은 방법인 것 같네. 내가 건의해 보겠네. 돈이 들어가는 문제라서."

그 후 회사는 내 제안을 선택했다. 일단 핵심 매장 몇 곳에만 CCTV를 설치하고 직원들에게는 전체 매장에 설치했다고 홍보했다. 그리고 이익이 나는 대로 CCTV 설치 매장을 확대해 나갔다. 그 결과는 매우 만족스러웠다. '본보기 마케팅'보다 더 효과적이었다. 매출은 계속해서 늘어났다.

그리고 그 후 나의 업무도 점점 늘어났다. 무엇이든 척척 해결하니 당연한 일이었다. 매장을 운영하는 것부터 관리, 계약, 마케팅, 심지어 광고까지 담당하게 되었다. 업무가 많아지니 오히려 신이 났다. 일이 많아서 불만이 생기기보

다는 회사가 돌아가는 상황을 꿰뚫을 수 있으니 더할 나위 없이 좋았다. 그러다 보니 오히려 업무를 즐기게 되었다. 핵심 가치 사슬 내의 업무인지라 성과도 한눈에 들어왔다. 매출이 꾸준히 성장했다. 그때마다 쾌감을 느꼈다. 한 매장을 관리할 때보다 전체 매장을 운영할 때 그 성취감은 더욱 컸다. 당연히 승진이 뒤따랐다.

스카우트

"회사가 팔렸다고?"

"롯데가 샀다는데!"

"그럼 우리는 어떻게 되는 거지?"

"혁남 씨는 알고 있었어?"

"아니, 금시초문인데."

회사는 아침부터 뒤숭숭했다. 날벼락도 이런 날벼락이 없었다. 1994년, 동화산업은 사전 예고도 없이 세븐일레븐을 롯데그룹에 매각했다. 황당했다. 그것이 5년 동안 내 일처럼 일한 대가라니. 배신감마저 몰려왔다. 하지만 그렇다고 하소연할 곳도 없었다. 애초부터 내가 선택한 일이었고 후회한들 달라질 것은 없었다. 순간 충신불사이군忠臣不事二君, 열녀불경이부烈女不更二夫라는 고사성어가 떠올랐다. 충신은 두 임금을 섬기지 않고 열녀는 지아비를 바꾸지 않는다는 뜻이다. 꼭 그 상황과 맞는다고 할 수는 없지만 떠날 명분으로 그만한 고사성어도 없었다. 일단 회사에 실망하자 일할 의욕도 자신감도 사라졌다. 그런 상황에서 남아 있는 것은 영혼 없이 몸뚱이만 있는 것이나 다름없었다. 그럴 수는 없었다. 생각이 거기까지 미치자 나는 즉각 사표를 냈다. 그리고 창업 준비에 돌입했다.

'너무 성급했을까?'

마음이 흔들렸다. 사실 창업은 어쩐지 좀 이른 감이 있었다. 그때였다.

"안녕하세요. 진로그룹입니다. 저는 편의점사업부장입니다. 권혁남 씨를 만나고 싶습니다."

"제가 권혁남인데 왜 그러시죠?"

"저희 그룹이 이번에 편의점 사업에 진출하고자 합니다.

권혁남 씨가 도와주셨으면 합니다. 일단 시장 점유율을 빠르게 높이는 게 목표입니다. 권혁남 씨께서 매장 개발을 맡아 주십시오."

순간 고민이 시작됐다. 창업에 대한 결심도 흔들렸다. 아직 경험이 더 필요하다는 생각이 들었다. 몇 날 며칠을 고민했다. 그리고 경험을 더 쌓자는 쪽으로 마음이 기울었다. 아직 어린 나이이고 경험도 일천하다는 생각 때문이었다. 그러나 재벌 기업이라는 사실이 마음에 걸렸다. 동화산업이랑 별반 다른 점이 없을 것 같았다. 내 회사라는 마음으로 몸 바쳐 일했지만, 하루아침에 회사가 팔리며 배신감을 경험한 나였다. 그러나 큰 경험을 또 쌓을 수 있다고 생각하니 결심이 빨라졌다.

"네, 그렇게 하겠습니다. 대신 확실히 맡겨 주십시오."

"여부가 있겠는가. 맡기려면 확실하게 맡겨야지. 그렇지 않은가!"

사업부장의 시원시원한 대답이 마음에 들었다. 어쩐지 대기업답지 않게 '진취적'이란 생각이 들었다.

"잘 결정했네. 아마 진로그룹은 분명 자네에겐 반석이 될 걸세. 고맙네."

1995년, 나는 롯데그룹을 떠나 진로그룹에 다시 자리를 잡았다. 편의점사업부였다. 물론 편의점을 개발하고 운영하고 관리하는 총책을 맡았다. 어린 나이였지만 이미 숱하게 경험해 본 일이라 어렵지 않았다.

대기업병

"안녕하세요. 저는 편의점사업부에서 일하게 된 권혁남입니다."

"아, 네. 그런데 왜 이렇게 일찍 출근하셨어요?"

"아직 업무를 정확히 파악하지 못해서요. 일찍 와서 업무 파악을 좀 하려고요."

"그래요. 그런데 문이 열려 있으려나 모르겠네."

아침 6시. 경비가 막아섰다. 너무 이른 시간이라 문을 열기 전이라며 조금 기다려 달라고 했다. 순간 깜짝 놀랐다. 진로그룹이면 대기업인데 문화는 '조선 시대' 그 자체였다.

대갓집 대문이 열리면 일하란 말과 진배없었다. 순간 후회가 밀려왔다. 그냥 창업할 걸 괜히 입사했다는 생각이 들었다. 그러나 그것도 잠시 사무실로 들어서는 순간 모든 후회가 봄눈 녹듯 사라졌다. 첨단 사무실이 나를 반겼고 넓고 깨끗한 자리도 마음에 들었다. 시골 쥐가 서울 와서 출세했다는 생각마저 들었다.

"권혁남 씨, 일찍 왔네. 듣던 대로 부지런하군."

"네, 팀장님. 팀장님도 일찍 나오셨네요."

"참, 이름 하나 지어 봐. 편의점 브랜드 말이야."

"아직 이름이 없습니까?"

"안 그래도 오늘 결정하려고 해. 조금 있다 회의에서."

나는 곧바로 수첩을 넘겼다. 그동안 신문을 보며 수많은 메모를 해 왔다. 그 메모 속엔 '브랜드 네이밍'도 제법 많았다. 신문을 탐독하면서 그때그때 생각날 때마다 다양한 이름 짓기도 했다. 제품 이름도 만들고 회사 이름도 지어 보고 심지어 미래 내 가게 이름도 상상해 보았다.

'어… 남스 스토어. 이건 아닌 것 같고. 베스트 스토어. 이

건 너무 흔하고. 좋은 가게. 이건 좀 진부하고.'

나는 수첩을 보며 백지 위에 핵심 단어를 써 내려갔다. 아주 일반적인 아이디어 도출법을 이용했다.

'스토어, 진로, 베스트, 가게, 6시 12시 식스트웰브, 24시간….'

그리고 두 개의 핵심 단어를 하나로 합치는 작업을 진행했다. 핵심 단어는 하나일 때도 그 빛을 발하지만, 합성했을 때 더 강력한 빛을 발할 때도 있다.

'진로 스토어, 진로 24시, 진로 베스트 스토어, 진로베스토아….'

역시 합성어는 실망시키지 않았다. 그 자체로 마력이 있었다. 그때였다.

"어이, 권혁남 씨! 회의 참석해야지."

"네."

"그래, 좋은 아이디어 나왔어?"

"글쎄요, 나름 생각하긴 했는데 말입니다!"

회의에는 편의점사업팀이 모두 참석했다. 아직 준비 단

계라 10명이 전부였다.

"자, 그럼 회의 시작하겠습니다. 지난번 회의 때 공지했던 것처럼 오늘은 가게 이름을 정해야 합니다. 모두 좋은 아이디어를 내 주십시오."

"정말 단순하게 진로 스토어 어때요?"

"좋습니다. 아주 단순하고요."

사업팀장은 그 즉시 하얀 칠판에 '진로 스토어'라고 적었다.

"저도 아이디어가 있습니다. 진로 베스트 스토어를 줄여서 진로베스토아."

나도 얼른 아이디어를 냈다.

"진로베스토아. 응, 나쁘지 않은데."

사업팀장은 나의 아이디어를 받아들였다. 그리고 '진로베스토아'라고 적었다. 그 후 팀원들은 다양한 아이디어를 쏟아 냈다. 그러나 모두 자격 미달이었다.

"좋아, 그럼 잠정적으로 진로베스토아로 하지. 윗분들 재가를 받아야겠지만 이변은 없을 거야."

"권혁남 씨, 축하하네. 출근 첫날부터 한 건 했네."

"고맙습니다."

인정해 주니 기분이 좋았다. 그때 나는 칭찬의 마력을 또 한 번 느꼈다. 진정 칭찬은 고래를 춤추게 했다. 그날부터 나는 다시 옛날로 돌아갔다. '새벽 출근 늦은 밤 퇴근'을 반복했다. 그러면서 좋은 매장 찾기에도 나섰다. 전국을 대상으로 상권을 분석하고 좋은 입지를 찾는 일도 부지런히 했다. 팀원들은 일분일초도 아까워 시간을 쪼개 썼다. 일단 대도시를 중심으로 좋은 입지를 찾아냈고, 수도권은 중소 도시라도 좋은 입지라면 메모해 두었다.

"권 팀장, 그래 좋은 입지는 많이 찾았나?"

"네, 많이 찾았습니다."

"그래, 그럼 안테나숍 자리를 하나 찾아 주게. 아무래도 시범 가게가 필요할 것 같네."

"네, 이사님."

팀원들은 그때부터 안테나숍을 찾기 시작했다. 안테나숍이란 실제 판매에 앞서 신제품이나 신업태에 대한 시장 조사, 수요 조사, 광고 효과 측정 등을 목표로 운영하는 점포를 말한다. 팀원들은 전국을 대상으로 샅샅이 탐색하기 시작했다. 그 결과 대전 동구 가양동 근처 좋은 입지를 찾아냈다.

"이사님, 일단 좋은 자리를 하나 찾았습니다."

나는 그동안 일의 결과를 보고했다.

"그래, 확실한가?"

"그럼요. 대전 동구 가양동 근처인데요, 주변에 대학교도 있고 상권 분석을 해 보니 이곳만 한 곳도 없는 것 같습니다. 일단 여기에서 먼저 개업하는 게 좋을 것 같습니다."

"그래, 잠깐만 기다려 보게. 내가 보고하겠네."

그런데 함흥차사였다. 기다려도 답은 오지 않았다. 그냥 기다리란 말밖에 없었다.

"이사님, 이제는 기다릴 수 없습니다. 경쟁사가 저곳을 차지하면 끝입니다. 우리가 먼저 선점해야 합니다."

나는 다급하게 보고했다. 그런데도 기다리란 말뿐이었다. 대기업병이란 바로 이런 걸 두고 하는 말이구나 싶었다. 주인 의식을 가지고 자기 일처럼 일하는 것이 아니라, 눈치 보고 주변을 살펴서 혼나지 않을 만큼 일하는 것. 이것이 대기업의 고질병이었다. 물론 모든 대기업이 그런 건 아니었다. 진로그룹이 유독 심했다. 강력한 상명하달식 기업 문화가 복지부동을 양산했다.

'어, 이것 봐라? 이러다가 다 놓치겠다. 진로… 글쎄, 미래가 있을까. 이제는 안 되겠다. 나가자. 나가서 내가 하자.'

나는 또 한 번 고민했고, 다시 새로운 결심을 굳혔다. 대기업병을 지켜보고 있으니 스스로 헤쳐 나가는 게 더 낫겠다는 판단이 들었다. 그날로 나는 진로그룹을 나왔다. 진로그룹에 입사한 지 채 1년도 되지 않았지만, 아쉬움도 없었다.

제2부

세상에
굴복하다

진로베스토아

"안녕하세요. 진로베스토아입니다. 신개념 24시간 편의
점입니다. 어서 오세요. 고맙습니다. 안녕히 가세요."

1995년 나는 진로그룹을 퇴사하고 창업을 준비했다. 직
영점이 안 된다면, 내가 봐 두었던 그 자리에 가맹점으로
매장을 운영해 볼 생각이었다. 창업 자금을 위해 월급을 모
아 사 두었던 아파트부터 처분했다. 몇 해 전 나는 지인의
소개로 3,000만 원을 주고 서울 상계동의 주공아파트 두
채를 사 둔 적이 있었다. 전세 2,500만 원을 끼고 500만 원
을 투자해 사 놓은 집이었다. 그런데 이 집이 내가 창업할

무렵에는 각각 8,000만 원으로 껑충 뛰어올라 있었다. 빚을 갚고, 전세금을 내주어도 처분금만 1억 원이 넘었다. 이 돈을 종잣돈으로 삼기로 했다. 하지만 생각보다 창업 자금은 더 많이 들어갔다. 적어도 3,000만 원은 부족했다. 나는 급히 과거 세븐일레븐에서 함께 근무하던 동료를 찾았다.

"만석아, 정말 미안한데 3,000만 원만 빌려 주면 안 되겠니?"

"그래, 어디에 쓰게?"

"대전 가양동 근처에 창업하게. 1억 원 정도는 마련했는데 3,000만 원이 부족허네. 좀 부탁하자."

"그래, 어떻게 보내 줄까?"

너무 쉽게 부탁을 들어주었다. 돈 3,000만 원이면 적은 돈이 아닌데도 그 친구는 주저 없이 내 부탁을 들어주었다. 그만큼 믿었던 모양이다.

그렇게 나는 대전 가양동 근처에 24시간 편의점 '진로베스토아' 가맹점을 낼 수 있었다. 예상대로 개업 첫날부터 손님들이 몰려들었다. 그도 그럴 것이 가양동 근처에는 편

SALES

의점이 없었다. 게다가 대학교에 인접해 있어서 손님이 넘쳐 났다. 이대로 가면 친구 돈은 물론 원금을 회수할 날도 멀지 않겠다는 생각이 들었다.

"칫솔은 있나요?"

"네, 저쪽 뒤로 가시면 있습니다."

"기저귀도 있나요?"

"그럼요, 우측면에 있습니다."

매일 손님들로 북적거렸다. 매출도 하늘 높은 줄 모르고 치솟았다. 그때 나는 '하는 일마다 잘된다'는 '샐리의 법칙'을 생각했다. 기분이 좋았다. 편의점 운영에는 도가 텄으니 이번에도 역시 과거 세븐일레븐 시절처럼 모든 진열을 바꾸었다. 일단 잘 팔리는 상품을 매대 상단에 놓았다. 그리고 그 아래 관련 상품들을 연결 지어 진열시키고 신상품은 계산대 앞에 비치했다. 입간판이나 걸개그림도 매장을 더 돋보이게 설치했다. 물론 매뉴얼도 만들고 친절 도우미 교육도 했다. 당연히 매출은 껑충껑충 뛰었다. 50%, 100% 성장을 넘어 200%, 300% 성장을 반복했다.

오만

‘후훗. 역시 되는 놈은 무엇을 해도 된단 말이야.’

문전성시를 이루는 매장을 보며 나는 자신감이 넘쳤다. 손님도 점점 더 많아졌다. 그러자 아니나 다를까 오만이란 놈이 찾아왔다. 물론 훗날에서야 알게 된 것이었지 그때는 알지 못했다. 오만이 나를 흔들고 있으니 슬슬 나태해지기 시작했다.

“야! 혁남아, 뭐 해? 당구 안 칠래?”

친구였다.

“가게 봐야 한다. 니들끼리 놀아라.”

말은 그렇게 했지만 좀이 쑤셨다. 매장에 갇혀 있다 보면 '젊은 놈이 한심하게 지금 뭐 하고 있나' 하는 생각까지 들었다.

"혁남아, 오늘 미팅 있는데 어때? 같이 가자."

나는 결국 친구들의 달콤한 속삭임에 손을 들고 말았다.

"그래, 오늘은 아르바이트생이 있으니까 조금만 놀아 볼까!"

그동안 바쁘게 살았으니 조금은 쉬어도 된다고 생각했다. 나에게 스스로 주는 보상이었다. 오랜만의 휴식이라 웃고 떠들고 행복했다. 다람쥐 쳇바퀴 돌듯 하던 인생이 활짝 피는 것 같았다. 그날 나는 오만이란 놈에게 지고 말았다.

'돈도 있겠다 얼굴도 이 정도면 빠지지 않겠다 내가 왜 이러고 있지.'

고등학생 시절처럼 또다시 일탈의 단맛으로 빠져들었다. 기계 같은 삶에서 벗어나니 좋았다. 그냥 젊음을 만끽했다. 그러자 가게의 매상도 하루하루 떨어졌다. 그러나 그 사실을 나만 몰랐다. 직원은 이를 감지하고 몇 번인가 충고를 던졌다.

"사장님, 요 앞에 새로 편의점을 개업한다고 합니다. 아마 우리에게 직접적인 타격이 될 것 같습니다. 그것도 세븐일레븐이라고 합니다."

"그래? 하라지 뭐. 지들이 하면 얼마나 한다고."

나는 대수롭지 않게 넘겼다. 그러나 대수롭지 않은 게 아니었다. 그날 이후 매출은 곤두박질쳤다. 심지어 직원 월급도 못 줄 정도였다. 그때서야 정신이 번쩍 들었다. 그러나 이미 버스는 지나갔다. 엎질러진 물이었다. 많은 단골이 떠나갔고 매출은 반토막 행렬을 이어 갔다. 심지어 직원까지 그만두었다. 다음 날 그 직원은 가게 아래 새로 생긴 매장으로 출근했다. 배신자라고 탓하고 싶었지만, 월급도 못 주는 사장이 할 말은 아니었다. 그렇게 나는 채 2년도 넘기지 못하고 매장을 접을 수밖에 없었다.

생활한복

"1997년 11월 22일 대한민국 IMF 구제 금융 공식 요청."

대한민국 정부는 외환 위기를 공식 선언했다. 모두 200억 달러였다. 신문, 방송 할 것 없이 '경제 국치일'이라며 대서특필했다. 순간 나의 가슴도 떨렸다. 이제 대한민국이 망하는구나 하는 위기감에 강한 불안이 몰려왔다. 그러나 내 코가 석 자였다. 남 걱정할 겨를이 없었다. 사업이 망했다고 방황하는 것도 잠시 새로운 도전에 나서야 했다. 아직 32살이라는 젊은 나이가 도전을 부추겼다. 그때 신문 기사가 눈에 들어왔다.

"내일은 한복 입는 날 우리 옷 입으세요."

'엉? 이건 뭐지. 한복 입는 날이 있다고.'

순간 나는 사업 감각이 발동했다. 정부가 나서서 한복을 입으라고 하면 공무원을 포함해 무조건 입을 사람들이 많을 것 같았다. 순간 나는 '이거다!' 싶었다. 사실 1996년 12월, 문화체육부는 매월 마지막 주 토요일을 '한복 입는 날'로 지정했다. 그 여파로 한복은 불티나게 팔렸다. 특히 생활한복 시장은 가히 혁명적으로 성장했다. 나는 모든 것을 뒤로하고 시장 조사에 나섰다. 이미 한복 시장은 생활한복 시장까지 불이 붙어 활화산 같았다. 하지만 걱정이 앞섰다. 분명 시장이 있는 건 맞는데 혹시 성숙 시장에 들어가지 않을까 하는 우려감 때문이었다.

'일단 들어가자. 지금 생활한복만 한 사업도 없다. 외환위기 상태라 어떤 사업도 안 된다. 그래도 이 시장은 다른 시장과 달리 수요라도 있지 않은가.'

나는 고민 끝에 결정을 내렸다. 1998년 당시는 30대 재벌 기업들도 줄줄이 넘어지는 판이라 누구도 미래를 장담

할 수 없던 시기였다. 그러나 분명한 사실은 생활한복이 시장을 형성하고 있다는 사실이었다. 나는 곧장 '솔바당' 이라는 생활한복 브랜드의 대리점 사업을 시작했다. 예상 대로 반응이 좋았다. 매출도 조금씩 올랐다. 다시 나는 성 공의 계단을 밟았다. 친구 돈 3,000만 원도 언제든 갚을 수 있다고 생각했다. 그런데 이것이 문제였다. 다시, 그리 고 쉽게 찾아온 성공은 나를 또다시 '오만'에게 내주고 말 았다.

'젊은 놈이 옷이나 팔고 있고 참 한심하다.'

나도 모르게 나 자신을 비하하기 시작했다. 그리고 여동 생을 찾았다.

"동생아, 네가 가게 좀 봐라. 장사는 잘 되니까 조금만 신 경 쓰면 될 것이다."

"그려 오빠. 월급만 많이 줘. 그럼 얼마든지 봐줄게."

나는 사업가로서 정말 하지 말아야 될 짓을 하고 말았다. 사업이란 모름지기 '직접 경영'이 원칙이었다. 남의 손에 넘어가는 순간 사업은 망한 것이나 진배없다. 실제로 생활한복 매출은 내가 손을 떼자마자 조금씩 줄어들기 시작했다. 그러나 약간의 위기는 있을 수 있다며 합리화했고 친구들과 어울려 노는 것을 절제하지 못했다. '조금 덜 벌면 그만이지 무슨 큰일인가'라며 자위했다. 그때 아내도 만났다.

"오빠, 소개팅 안 할려? 예쁜 친구 있는데 소개해 줄까?"

"그래, 좋다."

나는 대수롭지 않게 대답했다. 해 주면 좋고 안 해 줘도 그만이라는 식이었다. 그런데 동생은 정말 소개팅을 추진했다.

"안녕하세요. 저 권혁남입니다."

"아, 네."

"예쁘시네요."

나는 태어나서 처음으로 누군가를 보며 사귀고 싶다는 생각을 했다. 35살의 노총각. 적은 나이는 아니었지만 진지하게 만나고 싶었다. 그때 대뜸 그녀가 물었다.

"돈은 좀 벌었어요?"

"글쎄요, 저는 돈은 많이 벌지 못했어요. 가게 하나 하고 있을 정도죠. 그러나 마음은 무척 부자랍니다. 언젠가 그 마음 부자가 현실에서도 부자가 될 날이 있을 겁니다."

청산유수가 따로 없었다. 그날따라 웬일인지 말이 술술 풀렸다. 그녀도 내가 마음에 들었는지 연신 웃고 함께 떠들었다.

그렇게 만난 그녀와 나는 2000년 11월 5일 결혼에 골인했다. 그런데 문제는 결혼 이후였다. 잘되는 줄 알았던 생활한복 가게는 점점 기울어 갔다. 생활비도 나오지 않았다. 그렇다고 아내에게 약한 모습을 보일 수 없었고 차마 사업이 어렵단 소리를 꺼낼 수도 없었다. 하는 수 없이 '카드 돌려 막기'로 연명해 갔다. 그러나 그것도 그리 오래가지 않았다. 나는 최후의 수단을 생각했다. 대출이었다. 부모님 몰래 시골집과 땅 2,000평을 담보로 3,000만 원을 빌렸다. 우선 급한 불부터 끄고 천천히 갚을 심산이었다. 그러나 이마저도 며칠 못 가 들통 나고 말았다.

"이놈아, 이제 집까지 거덜 낼 작정이여?"

아버지는 노발대발하며 찾아왔다. 손에는 등기부 등본이 들려 있었다.

"아버지, 그게 아녜요. 금방 갚을게요. 조금만 기다려 주세요."

나는 간청했다.

"아버지, 정말 저만 믿으세요. 열심히 할게요."

순간 아버지는 누그러지셨다. 아무래도 늘 당당하던 아들이 사정하는 모습에 마음이 안 좋으신 듯했다. 조금 전의 화난 얼굴은 온데간데없고 내 얼굴을 애처롭게 바라보셨다.

"알았다. 너만 믿고 간다."

아버지는 여느 때와 달리 믿는다는 말만 남겨 놓고 사무실을 나가셨다. 문제는 그다음이었다. 잘될 줄 알았던 생활한복 사업은 더욱 기울었다. 그리고 최악의 날이 다가왔다.

떨이 제품

"사장님, 왜 이렇게 손님들이 안 오죠. 이상한데요."

"그러게. 무슨 일이 있나."

어느 날부터 손님이 줄기 시작했다. 하루에 못해도 열 벌 이상 팔리던 생활한복이 며칠 사이 한 벌도 팔리지 않았다. 뭔가 사달이 나도 크게 났다.

"사장님, 저기 텔레비전 좀 보세요."

"이것이 생활한복입니다. 그동안 문화체육부 권장에 따라 불티나게 팔리던 제품인데요, 지금은 이렇게 떨이로 판매되고 있습니다. 문화체육부의 오락가락한 정책이 낳은 결과입니다."

뉴스에서 생활한복 문제를 지적하는 기사가 나왔다.

"저게 무슨 소리냐?"

"사장님, 보세요. 문화체육부가 한복 입는 날을 강제하지 않는다는데유."

"뭐야!"

나는 숨이 막혔다. 직감으로 사업 위기를 느꼈다. 그동안은 정부가 나서서 한복 입는 날을 정하니까 모두 마지못해 생활한복이라도 입었지만 강제하지 않는다면 그 결과는 뻔했다. 망하는 수밖에 도리가 없었다. 실제로 그 정책이 발표되자마자 생활한복 업체들이 넘어지기 시작했다. 그때마다 한복은 길거리로 쏟아졌고 '떨이 제품'으로 전락했다. 심지어 생활한복은 저급하고 촌스럽다는 인식이 퍼지면서 2,000억 원이 넘던 시장이 하루아침에 곤두박질쳤다. '솔바당'도 부도가 났다. 하루아침에 매출이 반토막도 아니고 100분의 1토막이 났는데 버틸 재간이 없었다. 어느 땐가 '샐리의 법칙'을 생각했을 때가 그리웠다. 지금은 '머피

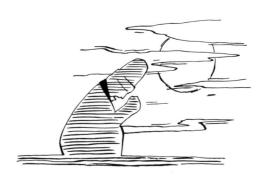

의 법칙'만 생각났다. 하는 일마다 꼬이고 또 꼬였다. 친구 돈 3,000만 원은 어떻게 갚을까 하는 걱정이 앞섰다. 희망에 찬 21세기 첫 해인 2000년, 그해는 그렇게 시련으로 막을 내렸다.

귀인

"권 사장, 요즘 힘들지?"

"네, 하는 일마다 망하는데 재주 있습니까. 빚만 4억이 넘습니다."

"그래, 그래도 아직 젊지 않은가? 또 기회가 있을 거야. 힘내게."

배병수 선배였다. 우연히 만났지만 선배는 진심 어린 충고를 아끼지 않았다.

"그래야지요. 처자식도 있는데 포기해선 안 되겠죠!"

나는 스스로 위안하듯 이야기했다.

"자, 이거 한번 먹어 보게. 소화 안 될 땐 최고라네. 아마 요즘 자네 스트레스가 많을 거야. 당연히 배변도 시원치 않을 거고."

분말형 쾌변 건강식품이었다. 당시 '쾌변'이 건강의 화두였다. 건강식품 회사마다 쾌변 제품을 경쟁적으로 내놓았다. 우유 회사는 우유 회사대로 요구르트 회사는 또 요구르트 회사대로 쾌변 제품을 연달아 출시했다. 배병수 선배도 그 분위기에 편승해서 쾌변 건강식품을 판매했다.

"딱히 내가 도울 일이 없어 미안하네. 이건 내가 파는 거니까 한번 먹어 보게. 효과가 있을 거네."

선배는 쾌변 건강식품을 한 통이나 건넸다. 나는 생각할 겨를도 없이 엉겁결에 받아 들었다. 그리고 인사했다.

"선배님, 고맙습니다. 사실 요즘 잠도 안 오고 소화도 안 되고 종일 배가 더부룩했는데 잘 됐네요. 정말 고맙습니다."

"고맙긴. 사업 자금이라도 줬으면 좋겠지만 나도 상황이 여의치 않네. 미안하네."

"아닙니다, 선배님. 정말 고맙습니다."

정말 고마웠다. 한 번도 아니고 두 번 연속 망하고 나니 세상이 두려웠다. 도대체 어떻게 살아가야 할지 막막했다. 그때 배병수 선배의 한마디는 천금과 같았다. 자살하려는 사람도 하소연 들어 줄 친구 한 명만 있으면 마음을 돌린다더니 내가 꼭 그 짝이었다. 실의에 빠져 있을 때 배병수 선배의 위로 한마디는 다시 나를 일어서게 했다.

다음 날 아침 여느 때와 달리 속이 불편했다. 재빨리 화장실을 찾았고 통쾌함을 느꼈다. 모처럼 느끼는 시원함이었다.

'이거 뭐지. 그동안 온갖 스트레스에 속이 아프고 더부룩했는데… 한순간이네.'

순간 또 '사업 촉'이 작동했다.

'이거 팔아 보자. 대한민국에 스트레스 안 받는 사람 어디 있겠는가. 그 사람들에게 판다면 누이 좋고 매부 좋고 도랑 치고 가재 잡는 격이지 않겠는가?'

나의 촉은 항상 엉뚱했다. 나는 그길로 배병수 선배를 다시 찾아갔다. 그리고 이것은 나의 다음 운명을 열어 주는 시작이었다.

쾌변 건강식품

"선배님, 선배님! 정말 대단합니다."

"뭐가?"

"그거 말입니다. 가루."

"아, 그거 말인가. 그렇지 직방이지?"

"네, 그런데 그게… 제가 팔아 보면 안 되겠습니까?"

"안 될 건 없지! 팔아 보게나."

하늘이 무너져도 솟아날 구멍은 있다고 하더니 바로 이런 상황을 두고 한 말이었다. 세상에 죽으란 법은 없었다. 다 그 나름대로 살아갈 방법이 존재했다. 나는 곧바로 서

점으로 달려갔다. 일단 건강 관련 책을 한 아름 사서 밤을 새워 가며 독파했다. '알아야 면장도 한다'는 속담처럼 어떤 일이든 그 일을 하려면 그에 관련된 학식이나 실력을 갖추고 있어야 하기 때문이다. 그렇게 어느 정도 건강 관련 지식이 쌓였을 때 '쾌변 분말'을 싣고 전국 유랑을 시작했다. 말이 유랑이지 실제로는 발품 판매였다.

"사장님, 안녕하세요. 쾌변 건강식품입니다. 속이 더부룩하잖아요. 이거 직방이에요. 제가 경험했어요. 한번 드셔 보세요."

"이 사람이… 나가요! 나가! 안 사요!"

하지만 영업을 위해 들어가는 족족 문전박대였다. 그렇다고 포기할 내가 아니었다. 기왕 시작한 것 반드시 성공하고 말겠다는 각오였다. '1만 시간의 법칙'이란 말이 있듯이 한 가지 일에 1만 시간만 집중적으로 투자하면 반드시 성공한다는 신념으로 영업했다.

"에이, 그러지 마시고 한번 드셔 보세요. 이거 여기 두고 갑니다. 급할 때 드세요! 하하하."

어쩌면 문전박대는 당연했다. 그러나 나는 그 문전박대를 웃음으로 받아넘겼다. 그리고 다시 방문했다. 한 번 방문해서 안 되면 두 번 방문하고 두 번 방문해서 안 되면 열 번, 백 번 방문했다. 그러던 어느 날이었다.

"아이고, 왜 이제야 오시나. 좀 더 일찍 오지 그랬어요."

다시 영업차 찾아가니 이번에는 생각지도 못한 환대가 쏟아졌다.

"그거 말이야. 정말 죽이던디. 어떻게 해야 혀?"

"예? 아! 그거 드셨지요?"

언젠가 샘플을 두고 갔던 미용실 사장님이 고개를 끄떡였다.

"정말 죽이지요?"

미용실 사장님은 다시 고개만 끄떡였다. 예상했던 반응이었다. 한 번만 사용하고 나면 분명 나를 찾으리라 짐작했다. 하지만 정말 많은 시간이 걸렸다. 무려 3개월 하고도 3일이란 시간이 걸렸으니 말이다. 솔직히 낯선 장사꾼이 주고 간 '쾌변 건강식품'을 먹기란 쉽지 않다. 뭐가 들었는지 알 길이 없을 뿐 아니라 믿을 수도 없을 테니 말이다. 그 때문에 마음 놓고 마시지도 못한다. 그러나 '배 속'은 달랐다. 몸 주인의 사정만 봐주지 않는다. 장소나 때를 가리지 않고 언제든 불쾌하고 더부룩할 수 있다. 바로 그때 몸 주인은 '쾌변 건강식품'을 찾았을 것이다. 분명 울며 겨자 먹기로 먹게 되었을 터. 그런데 그 효과가 놀라웠으니 나를 다시 찾는 것은 당연한 순서였다.

"그동안 얼마나 기다렸는지 모른다오. 어서 그거나 주슈!"

"아, 네!"

지성이면 감천이라고 발품 팔며 열심히 노력하다 보니 고객들도 점차 인정해 주기 시작했다. 대전을 시작으로 부산, 대구, 광주, 인천, 서울까지 전국에서 주문이 밀려들기 시작했다.

사기

"와, 젊은 사람이 대단하네. 아니 사무실도 없이 그렇게 일하나. 그것도 혼자서."

"그러네요."

"참 대단하네. 내가 사무실을 공짜로 빌려 줌세. 같이 일 하세나."

"아닙니다. 됐습니다."

"아닐세. 거절하지 말게. 그냥 순수하게 도와주고 싶어 서 그러네. 젊은 사람이 이렇게 일하는데 안 도와주면 그 것도 이상한 일이네."

"정말입니다. 괜찮습니다. 지금 이대로가 좋습니다."

"아이고, 이 사람. 이 사무실 다 준다는 것도 아닌데. 남는 공간하고 집기 사용하게. 그리고 저기 저 친구는 전화 받는 친구로 지원해 주겠네."

참 고마운 사람이었다. 어느 날 고객으로 우연히 만났지만 아버지처럼 다정다감하게 나에게 다가왔다. 마음 한쪽으론 부담이 되어 거듭 사양했지만, 워낙 끈질기게 권하는 통에 그만 승낙하고 말았다.

"예, 알겠습니다. 그렇게 하겠습니다. 고맙습니다."

신기하게도 그날부터 일거리가 많아졌다. 전국 미용실 공략에 이어서 화장품 대리점을 전략적 승부처로 정하고 영업했던 것이 주효했다.

"사장님, 여기 부산 광안동 화장품 대리점인데요 여기도 넣어 주세요."

"그래, 알겠네. 그렇게 하지."

그야말로 삼박자가 척척 맞았다. 영업이면 영업, 공급이면 공급, 관리면 관리 어느 하나 빈틈이 없었다.

"권 사장, 우리 이러지 말고 합치지."

"네? 그게 무슨 말씀이세요?"

"자네 회사와 내 회사를 합치잔 말일세. 이 사무실 자네가 다 쓰게. 직원도 집기도 모두 다 말일세. 나는 따로 할 일이 있네."

"아, 예. 고맙습니다."

나는 추호의 의심도 없이 그 제안을 받아들였다. 전국에서 주문이 들어오는 통에 확장이 절실하던 때였다. 게다가 사무실이며 직원이며 집기까지 지원해 준다니 고맙기 짝이 없었다. 그때는 이유 없이 도울 땐 반드시 그 이유가 있다는 사실을 몰랐다.

6개월째 되는 어느 날이었다.

따르릉 따르릉 따르릉!

"어, 왜 전화를 안 받지? 무슨 일 있나!"

사무실 전화가 불통이었다. 당시 나는 대수롭지 않게 생각했다. 단순히 무슨 일이 있나 보다 생각했다. 그러나 점심을 먹고 다시 전화했는데도 받는 사람이 없었다.

'당장 물건 주문을 넣어야 하는데 큰일이네.'

마음이 불안해졌다. 지금 주문을 넣지 않으면 취소된다는 생각뿐이었다. 그런데도 전화는 불통이었다. 순간 의심이 뇌리를 스쳤다. 첫 만남, 그리고 파격적인 제안 모두 의심스러웠다. 나는 부랴부랴 서울로 향했다. 사무실 문을 열고 들어서는 순간 모든 걸 깨달았다. 책상은 아무렇게나 놓여 있고 집기는 사방으로 흩어져 있었다. 그야말로 난장판이었다.

"사장님, 어떡해요. 오늘 출근하자마자 어떤 사람들이 왔었어요. 이 사람 사기꾼이라면서 어디에 있느냐고…. 난리도 그런 난리가 없었어요."

"……."

나도 모르게 털썩 주저앉았다. 드라마에서나 보던 일이 내 눈앞에서 벌어진 것이 아닌가? 그동안 번 돈과 물건값이 모두 사라진 후였다. 6개월 동안 그 사람만 믿고 모든 걸 맡겼는데 그것이 화근이었다. 두 번이나 망한 놈을 또다시 알거지로 만들었다. 분명 그에게도 아들이 있을 텐데 이럴 수는 없었다. 눈앞이 캄캄했다. 눈물도 나지 않았다.

절망

"술 가져와, 술!"

"손님, 그만하세요. 너무 취하셨어요."

"술 가져오란 말이여."

"손님! 그만하시라니까요!"

나는 세상을 잊고 싶었다. 선술집 주인이 나서서 말릴 정
도로 술에 취해 소리쳤다. 그런데 정신은 말짱하고 오히려
또렷해졌다. 그 사기꾼의 웃는 얼굴이 떠올랐다. 그때마
다 울화통이 터져 한 잔씩 들이켰다. 그런데도 도무지 그
인간의 얼굴이 지워지지 않았다. 양두구육이 따로 없었다.

겉과 속이 다른 속임수를 알아채지 못했으니 얼마나 어리석은가. 나는 이미 두 번이나 망한 뒤였다. 그러면서 세상에 공짜는 없다는 사실도 잘 알고 있었다. 그런데도 나는 또 그 공짜에 넘어가 세 번째로 망했다. 믿는 도끼에 발등 찍힌다는 말 그대로였다.

'해맑고 인자한 아버지 같은 얼굴로 사기 치는데 누가 안 넘어가겠는가!'

스스로 달래 보아도 오래가지는 못했다. 하루 이틀 한 달 두 달 세월이 흘러가는 대로 인생을 맡겼다.

"젊은 놈이 세상 다 산 것도 아니고 저게 뭔가?"

주위 사람들이 손가락질해도 본척만척했다. 그렇게 세월을 벗 삼아 술타령이 늘어졌다. 친구 돈 3,000만 원도 그 술독에 빠졌다. 그 돈이 필요하다는 친구 아내의 연락에도 나는 아무런 대꾸를 하지 못했다. 그렇게 세상에 굴복한 채 무너졌다. 절망이었다.

제3부

세상과
함께하다

아내

"여보, 어디야? 힘내. 당신에겐 나와 아이가 있잖아. 한 두 번 실패하는 것은 누구에게나 있을 수 있는 일이야. 힘 내. 파이팅!"

"아빠, 홧팅!"

아내와 아이였다. 순간 눈물이 왈칵 쏟아졌다. 나는 다시 한 번 전화 녹음을 들었다. 정말 미안했다. 나는 그 즉시 아 내에게 전화를 걸었다.

"여보, 미안허다. 못난 남편을 둬서…."

"아, 혁남 씨. 아냐. 건강하지?"

아내는 내 건강부터 챙겼다. 눈물이 볼을 타고 줄줄 흘렀다.

"다시 시작해. 혁남 씨는 할 수 있을 거야. 난 믿어!"

아내는 절대적이었다. 그만큼 나를 믿어 주었다.

"그래, 다시 해 보자."

아내와 전화를 끊고 나서 나는 다시 마음을 다졌다.

'그래, 힘을 내자!'

그리고 곰곰이 생각했다.

'지금 내가 할 수 있는 게 뭘까? 돈도 없고 사무실도 없고 오로지 나 혼자다. 그러나 아내와 자식도 있다.'

고민의 연속이었다. 그러나 그 고민은 오래가지 않았다. 그동안 내가 했던 일, 그리고 내가 잘하는 일, 그것이 내가 다시 할 수 있는 일이란 결론을 얻었다. 가끔 주변을 보면 한 번 실패했다고 당장 다른 일을 하는 경우가 많았다. 그러나 그들은 그리 오래가지 못했다. 또다시 시행착오를 겪었고 그때마다 나락을 경험했다. 이제 더는 실패할 수 없었다. 한 번도 아니고 이미 세 번을 경험했다.

'그래, 쾌변 건강식품을 판매하자. 그나저나 어떻게 하지. 돈도 없고 직원도 없고 사무실도 없다.'

몇 날 며칠을 고민했다.

'혼자 전국 방방곡곡을 다녀 봤자 뒤를 지원해 주지 않으면 또다시 실패한다. 이 문제를 어떻게 해결해야 하나.'

정말 고민은 고민을 낳았다. 하나를 해결하고 나면 또 다른 하나가 나타났다. 그러나 늘 해결책은 있었다. 나는 그때 '찾아가는 판매'보다 '찾아오는 판매'를 생각했다. 혼자 사업을 하려면 찾아가는 영업보다 찾아오게 하는 영업이 필요했다.

'고객이 찾아오게 한다. 쉬운 일은 아니다. 어떻게 하면 고객이 찾아올까.'

궁즉통

'애인 구함. 02-123-××××.'

'돈 필요하세요? 전화 주세요. 02-2345-××××.'

고속 도로 휴게소 화장실에서 볼일을 보던 나는 화장실 문에 적혀 있는 낙서를 보는 순간 눈이 번쩍 뜨였다.

'그래! 이거다!'

화장실 낙서. 궁즉통(窮則通), 궁하면 통한다고 했던가. 언제나처럼 서울 총판에서 물건을 받아 오는 길이었다. 현금을 달라는 통에 짜증이 한껏 나 있었다. 12개들이 박스 당 100만 원이면 적은 돈도 아니었다. 팔아서 갚는다고 해

도 요지부동이었다. 현금을 내지 않으면 물건을 줄 수 없다는 대답만 늘어놓았다. 그때 고속 도로 화장실에서 뜻하지 않게 답을 찾았다. 나는 그 즉시 사무실로 차를 몰았다. 그리고 고객이 찾아올 아이디어를 짜냈다. 그 결과 '화장실 청결 운동'이라는 답을 얻었다. 보통 화장실에 가면 여기저기 낙서투성이였다. 그중엔 차마 입으로 말하지 못할 만큼 낯 뜨거운 문장이나 그림들도 많았다. 바로 이것을 추방하자는 운동이었다. 나는 즉시 화장실 청결 운동 표어를 만들었다. 다양한 표어들이 나왔지만 그중에서 가장 그럴듯한 표어를 선택했다.

'아름다운 사람은 머문 자리도 아름답습니다.
변비 해결 쾌변 건강식품 02-3580-××××'

곧바로 마케팅용 스티커 제작에 들어갔다. 그리고 고속 도로 휴게소를 찾아갔다. 뜻밖에 반응이 좋았다. 당시 고속 도로 휴게소 사장도 화장실 낙서로 골머리를 앓고 있었다. 매번 문 앞에서 감시할 수도 없고 그렇다고 매번 지울 수도 없는 노릇이었다. 그때 나의 제안은 획기적이었다. 캠페인처럼 '국민 문화 운동'으로 전개한다면 분명 효과가 있다고 판단했다. 이는 대형 식당도 마찬가지였다. 모두 흔쾌히 받아들였다. 나는 그길로 전국을 돌아다니며 마케팅용 스티커를 붙이기 시작했다. 고속 도로 휴게소뿐만 아니라 버스 터미널, 관공서, 대형 식당 등 사람이 모이는 곳이면 어디든 찾아가 붙였다. 적어도 하루 1,000장을 붙였다. 발은 늘 물집투성이였고 신발은 한 달 걸러 한 켤레씩 갈아 신었다. 대도시 중심으로 발품 영업을 계속했으며 필요에 따라 아르바이트생을 고용하기도 했다. 1만 장을 10번 붙인다는 심정으로 뛰어다녔다. 그때 문제가 생겼다.

'어, 이상하다. 분명히 일주일 전에 붙였는데….'

힘들게 붙여 놓은 스티커가 다른 것으로 바꿔치기되어 있는 게 아닌가. 경쟁 업체의 짓이었다. 좀 된다 싶으니까 우후죽순처럼 경쟁 업체가 생겨났고 경쟁 업체는 '화장실 마케팅'도 베꼈다. 뭔가 대안이 필요했지만 묘책이 없었다.

그렇다고 전국을 돌아다니며 막을 수도 없는 노릇이었다. 고민스러웠다. 어떻게 하면 경쟁 업체들을 따돌릴까 연구에 몰입했다. 그 결과 떼어 내지 못하게 하는 방법이 최선이라고 결론지었다. 곧바로 작고 예쁜 거울을 만들고 그 위에 광고 문구를 인쇄한 다음 강력한 접착제로 부착하는 방법을 개발했다. 문짝을 바꾸지 않는 한 떼어 내지 못하는 '스티커형 거울'이었다. 그날부터 다시 발품 영업에 나섰다. 화장실을 찾아다니며 변기에 앉았을 때 눈높이 위치에 '스티커형 거울'을 붙였다. 하루 100개, 200개를 붙였다. 그때마다 주문은 늘어났다. 사람은 누구나 볼일을 볼 것이고 그때마다 자연스레 거울을 마주할 수밖에 없었다. 그때 본인의 배변 활동에 문제가 있다면 그 즉시 메모할 게 뻔했다. 1만 개 스티커형 거울이 부착되었을 때 주문 전화는 폭발적으로 증가했다. 빗발친다는 말이 실감 날 정도였다. 그렇다고 거울 붙이는 것을 게을리하지 않았다. 오히려 더 적극적으로 붙이고 다녔다. 힘든 줄도 몰랐고 시간 가는 줄도 몰랐다.

첫 성공

따르릉 따르릉!

"거기 쾌변 건강식품 파는 데죠? 한 박스만 부탁해요."

"네, 알겠습니다. 바로 보내 드리겠습니다."

따르릉 따르릉!

전화는 쉴 틈 없이 울렸다. 전화벨 소리는 최고의 교향악단 연주도 저리 가라 할 정도로 천상의 선율처럼 들렸다. 나 역시도 계속해서 전화 수화기를 들었다 놓았다 반복했다. 하루, 한 달, 육 개월, 시간이 지날수록 더 북새통이었다. 그도 그럴 것이, 전화가 빗발쳐도 마케팅용 스티커 붙

이는 것을 게을리하지 않았고 쾌변 건강식품의 효과도 만점이었다. 그러니 전 국민이 나를 찾았다고 해도 과언이 아니었다. 아내도 그제야 얼굴에 웃음꽃이 피었다.

"그동안 수고했어요. 우리 남편 정말 대단하네."

아내는 그동안의 걱정을 털어 냈는지 반갑게 맞아 주었다.

"그래 오늘은 뭘 해 줄까?"

"김치찌개."

아내는 언제나처럼 주문했다. 대개는 아내가 요리를 했지만 가끔 나도 아내와 아이를 위해 요리했다. 그렇다고 대단한 요리는 아니었다. 평소 즐겨 먹는 요리를 '권혁남 표'로 만들었다.

"김치찌개? 좋아!"

"당신은 요리해 달라면 좋아하더라."

사실이었다. 나는 요리를 할 때 제일 행복했다. 어린 시절 스스로 절대 미각이라 자부하며 요리를 즐겼다. 그 후로도 기회가 닿는 대로 실력 발휘를 하곤 했다. 친구와 가족 심지어 직원들을 위해서도 요리했다. 김치찌개, 사실 말은 쉬워도 만들기 쉽지 않은 음식이다. 너무 익숙하기에 더 어려운 음식이다. 그래도 나만의 비법은 있었다. 나는 일단 쌀뜨물을 준비했다. 쌀을 두어 번 물에 헹궈 낸 다음 손으로 쌀을 여러 번 치대고 물을 부어 걸러 내면 좋은 쌀뜨물이 되었다. 그 쌀뜨물을 냄비에 붓고 센 불로 끓이고 한편에선 묵은 김치를 준비했다. 묵은 김치는 군내가 나지 않을 정도가 적당한데 이 김치를 입안에 쏙 들어갈 크기로 잘랐다. 돼지고기도 준비했다. 일반적으로 삼겹살을 넣지만 나는 사태를 주로 사용했다. 이것도 김치처럼 적당한 크기로 잘랐다. 두부도 준비했다. 주로 생두부였다. 다음은 볶는 순서였다. 일단 김치를 프라이팬에 올리고 참기름으로 달달 볶았다. 조금이라도 남아 있을 군내가 가실 때까지 충분히 볶았다. 김치를 다 볶으면 쌀뜨물이 끓고 있는 냄비 속으로 집어넣었다. 사태살도 집어넣고 파나 마늘도 조금씩 넣었다. 마지막으로 두부를 올렸다. 그리고 뚜껑을 덮고 팔팔 끓였다. 돼지고기가 완전히 익을 때까지

161

충분히 끓였다. 그리고 아내를 불렀다.

"자, 먹어 봐."

아내가 무슨 말을 할지 긴장되었다.

"우와, 정말 맛있다. 얼큰하면서도 시원하고 고소하면서도 감칠맛이 나는데."

극찬이었다. 기분이 정말 좋았다. 다른 누구보다 아내의 칭찬이기에 기분이 더 좋았다. 그만큼 나에게 아내는 절대적이었다.

사실 아내는 그동안 남몰래 속을 많이 태웠다. 세 번이나 실패한 남편이 자포자기하면 어떻게 하나 노심초사했을 것이다. 하지만 아내는 내 앞에서 단 한 번도 내색하지 않았다. 다만 음으로 양으로 남편을 믿고 지원해 주었다. 그 마음이 하늘에도 전해졌는지 사업은 나날이 번창했고 아내의 얼굴도 밝아졌다. 내 마음도 그때부터 조금 편안해졌다. 그렇다고 전국 스티커 마케팅을 멈추지 않았다. 오히려 더욱 분발했다. 전국 시장통을 쫓아다니는가 하면 대형 유통 센터를 직접 찾아갔다. 그때마다 그들은 웃으면서 받아 주었다. 그 결과 화장실 청결 운동은 정말 국민 문화 운동으로 승화되었다. 회사 매출도 점점 늘어 갔다. 그때 나는 또 한 번 변신을 시도했다.

아버지

"어서 오… 아버지! 여긴 웬일이세유?"

"잘하고 있는지 보러 왔다."

"당연히 잘하고 있지요. 아버지 아들인데 못할까 봐요."

나는 짐짓 거드름을 피웠다. 아버지는 못마땅한 듯 나를
쳐다보았다.

"아버지, 정말이라니까요. 여기 보세요. 내일모레 유성
호텔에서 발대식도 할 참이에요. 직원들에게 부모님을 모
시고 오라고 했어요. 아버지도 그때 모실게요."

"됐다. 너만 잘하면 된다. 나는 걱정 마라."

아버지는 그제야 믿음이 생기셨는지 아들을 대견스레 바라보셨다.

그날 나는 용기를 내어 오래전에 3,000만 원을 빌렸던 친구에게도 전화했다.

"여보세요, 만석이냐?"

"그래, 네가 웬일이냐?"

만석은 냉랭했다. 7년 만의 전화인지라 당연한지도 몰랐다.

"친구야, 미안하다. 내 상황이 상황인지라 이제야 전화했다. 정말 미안하다."

나는 무조건 사과부터 건넸다.

"근데 왜?"

만석은 조금 당황하는 눈치였다.

"3,000만 원 갚으려고."

"됐다. 그게 언제 적 일인데."

"아녀, 나 그동안 돈 좀 벌었어. 네 돈 3,000만 원 꼭 갚고 싶어."

"그래!"

"내일 유성호텔에서 회사 발대식을 할 거야. 네가 꼭 참석해 줬으면 좋겠어. 우리 아버지 어머니도 오셔.

"너희 부모님도!"

여전히 만석은 반신반의했다. 나는 그런 만석의 신뢰를 얻고자 쐐기를 박았다.

"직원들 부모님도 초청했는 걸."

"그렇구나."

"네 집사람하고 같이 와 줘."

"그… 그래, 노력해 볼게."

"꼭 부탁한다. 그럼 내일 보자."

다음 날 발대식은 예정대로 열렸다.

"안녕하십니까, 여러분! 저는 사장 권혁남입니다. 오늘 이렇게 발대식에 와 주신 것에 감사드립니다."

단상에 올라 인사말을 막 시작할 무렵이었다. 멀리 친구의 모습이 보였다. 행사 직전까지 친구가 나타나지 않아 노심초사하고 있었는데 그 친구가 아내와 함께 행사장

에 들어선 것이다. 그리고 직원들의 도움을 받아 테이블로 향하고 있었다. 나는 친구의 모습을 발견하자마자 더욱 큰 소리로 외쳤다.

"오늘 많이 드시고 선물도 받아 가세요. 많이 많이 준비했습니다. 아셨죠?"

"네!"

그때서야 나는 친구에게 멀리서나마 눈인사를 건넸다. 친구도 이해한다며 눈인사를 보냈다.

"사실 저는 못난 아들이었습니다. 고등학생 때는 늘 부모님께서 학교에 불려 오셨고요. 가출까지 할 정도로 불량 학생이었답니다. 사회에서도 마찬가지였습니다. 서른다섯 살이 되도록 장가도 못 갔고요. 친구 돈도 떼먹었고요. 심지어 돈이 없어 시골집과 땅을 저당 잡히기도 했답니다. 불효도 그런 불효가 없지요. 솔직히 아버지 어머니 뵐 면목이 없습니다."

순간 울컥했다. 가슴이 답답해지고 눈앞이 흐려졌다. 그동안의 불효를 생각하니 목이 메었다. 순간 나도 모르게 고개를 숙였다. 직원들도 저마다 고개를 숙였다. 만석도 고개를 숙였다. 발대식이 아니라 참회의 시간이라 해도 과언이 아니었다.

"여러분, 오늘 발대식은 그동안 제가 했던 불효와 불신의 흔적을 타파하고 신뢰를 회복하는 시간이기도 합니다. 제가 감히 여러분 앞에서 약속합니다. 돈 많이 벌어 부모님께 효도하고 또 신뢰를 회복하겠습니다. 반드시 그렇게 하겠습니다. 많이 많이 드시고 가십시오."

나는 더는 마이크를 잡을 수 없었다. 그동안의 불효가 파노라마처럼 지나갔다. 그때마다 눈물이 뚝뚝 떨어졌다. 저만치 아버지도 고개를 숙이고 계셨다. 그 옆에 계신 어머니는 연신 손수건으로 눈물을 훔치셨다.

'아버지, 이제 잘할게요. 오래오래 사세요.'

나는 아버지 어머니를 바라보며 다시 한 번 성공하겠다고 다짐했다. 그리고 7년 만에 친구를 만나 빌린 돈 3,000만 원은 물론 이자까지 곱절로 갚았다. 무거운 짐을 내려놓았다. 대신 신뢰 회복을 통해 우정을 돈독히 했다. 그렇게 나는 세 번 망한 후 첫 성공을 만끽했다.

주식회사 지웰컴

"사장님, 축하합니다."

"여보, 축하해요."

"고맙습니다. 주식회사 지웰컴에 오신 걸 환영합니다."

나는 또 하나의 변신을 시작했다. 발대식이 끝나자마자 바로 '주식회사'를 만들었다. 그동안 혈혈단신 일인 기업으로 전국을 누비고 다녔다. 그러나 전화 대박 이후 도저히 혼자 감당할 수 없었다. 뭔가 확실한 변화가 필요했다. 그렇지 않으면 기회를 잡지 못할 것이라는 불안감이 엄습했다. 그때 나는 장사꾼에서 벗어나 경영자로 거듭나고 싶었다. 그 시작이 '주식회사 지웰컴'이란 법인의 설립이었다. 직원도 뽑았다. 관리직부터 영업직까지 기본적인 회사 구조의 골격을 갖추었다.

"여러분, 환영합니다. 오늘 우리는 새로운 역사를 쓰고 자 합니다. 지금까지 우리는 구멍가게였습니다. 그러나 오늘 우리는 주식회사로 첫발을 내디뎠습니다. 가슴이 뿌듯하고 떨립니다. 이제 저는 더는 외롭지 않습니다. 바로 여러분이 있기 때문입니다. 함께하겠습니다. 그리고 모두 사랑합니다. 고맙습니다."

짤막한 인사였다. 그러나 그 속에 많은 것이 내포되어 있었다. 과거처럼 주먹구구식의 가게 운영이 아니라 합리적인 회사 운영을 하겠다는 뜻을 담았다. '식구(食口) 의식'도 준비했다.

"오늘 식사는 칼국수입니다. 정성껏 준비했으니 많이 드십시오."

사실이었다. 나는 새벽부터 직원들을 위한 음식을 준비했다. 언젠가 서울 맛집에서 맛본 닭칼국수였다. 그 집만큼 잘 만들지는 못했을지 몰라도 정성은 그보다 몇 배 더 들였다. 칼국수를 끓이기 위해 새벽같이 일어나 시장을 봤다. 무, 다시마, 양파, 대추, 인삼, 황기, 쇠고기, 닭고기 등 재료를 푸짐하게 준비했다. 밀가루도 우리 밀로 만든 밀가루를 특별히 주문했다. 그리고 회사 내 임시 조리대를 만들고 한쪽에선 육수를 끓이고 다른 한쪽에선 밀개로 밀가루를 밀었다. 애호박도 납작하게 썰어 준비했다. 닭고기도 애호박처럼 잘게 썰어 채로 만들었다. 창립 기념식이 끝나는 대로 먹을 수 있도록 양껏 준비했다. 11시 반쯤 기념식이 끝나자 직원들이 몰려들었다. 나는 다른 직원들과 함께 조리를 시작했다. 끓인 육수를 다른 솥에다 옮겨 다시 불을 붙였다. 금방 육수를 끓이고 그 속에 칼국수를 넣어 다시 한소끔 끓였다. 애호박과 닭고기도 집어넣었다. 구수한 냄새가 진동했다. 직원들도 요리하는 모습이 신기했는지 임시 조리대 앞으로 몰려들었다.

"조심하세요. 위험합니다."

"언제 다 되나요? 배고파요."

"이제 다 됐어요. 줄 서세요."

나는 칼국수 배식을 시작했다. 큰 사발에 푸짐하게 담았다.

"와, 맛있다. 정말 최고예요."

직원들은 탄성을 질렀다. 나는 빙그레 웃음을 지었다. 눈썰미로 따라한 것이지만 제대로 조리한 것 같았다. 사실 나는 한 번 먹어 본 음식은 그대로 재현할 수 있을 정도로 절대 미각을 가졌다. 그 음식이 칼국수가 아니라 짬뽕이든 육개장이든 설렁탕이든 모두 가능했다. 그러나 직원들이 탄성을 지르니 그와 상관없이 기분이 좋았다. 그렇게 나는 직원들과 '식구 의식'을 치렀다. 음식은 나눌 때 행복했다. 그날 나는 음식을 나누면서 직원들을 식구로 받아들였다.

나오미

"여보, 우리 집 팔자. 지금처럼 잘될 때 우리 제품 만들어야 할 것 같아. 집 팔자."

"안 돼요. 이게 어떻게 마련한 집인데 또 팔자는 거예요? 사업 자금은 밖에서 해결하세요."

아내는 단호했다. 이미 몇 번 속은 터라 아내는 좀처럼 내 말을 들어주지 않았다. 그렇다고 포기할 내가 아니었다. 거절하면 할수록 더 매달렸다.

"여보, 한 번만. 다시는 집 팔자고 안 할게. 정말 한 번만 봐주라. 이번에는 분명히 성공할 수 있다."

"……."

아내는 아무 대답이 없었다. 마음이 흔들리고 있음이 틀림없었다. 나는 여세를 몰아 더욱 밀어붙였다.

"정말 이번엔 자신 있어. 한 번 믿어 주라."

"그럼 우리는 어디서 살아요?"

마지못해 아내가 내 손을 들어 주었다. 나의 간절함이 아내의 마음을 움직인 듯했다.

"우리 어디서 사냐고요? 네?"

"처가로 들어가자. 아니면 공주 시골집으로 들어가도 되고."

"허허 참, 처가살이 하자구요?"

"그럼 안 될까?"

그때 나는 단 한 가지 생각뿐이었다. 무조건 내 제품을 만들자고 생각했다.

"좋아요. 그럼 그렇게 해요."

정말 대단한 결정이었다. 역시 무조건 내 편인 아내에게 고마움을 느꼈다.

"대신 친정집에서도 살고 시댁에서도 살고 그렇게 해요."

"알았어, 알았어. 고마워."

나는 그길로 아파트를 팔았다. 그리고 곧바로 제품 연구소를 만들고 독립을 선언했다. 지금처럼 남의 제품을 판매할 것이 아니라 우리 제품을 팔자는 취지였다.

"여러분, 우리도 우리 제품을 만듭시다. 계속 남의 제품만 판다면 분명 성장의 한계를 느낄 겁니다. 우리 회사가 앞으로 계속 성장하려면 반드시 우리 제품이 있어야 합니다."

나는 또 한 번 변신을 선언했다. 그때부터 연구소 직원들과 나는 하루를 48시간 삼아 연구 개발에 매진했다. 핵심은 차별화였다. 하지만 쉽지 않았다. 그야말로 시행착오의 연속이었다. 쾌변에 좋은 아이템으로 음료수, 알약, 과립 등 다양한 형태의 제품을 개발해 냈다. 어느 것 하나 쉬운 일이 아니었다. 어떤 때는 종일 설사를 했고 또 어떤 때는 구토를 경험했다. 그야말로 생체 실험도 마다하지 않았다. 안되면 될 때까지 도전한다는 생각으로 연구했다. 시간이

흐를수록 개발 의지는 더욱 강해졌다. 그때였다.

"사장님, 이겁니다. 과립형입니다."

"분말형이 아니고 과립형이야?"

"네, 과립형은 분말형에 비해서 일단 먹기도 좋고 편합니다. 아시다시피 분말형은 가루니까 입에 붙고 불편하잖아요. 그래서 과립형으로 만들었습니다."

"그래? 한번 먹어 보자."

나는 또다시 생체 실험을 자처했다. 일단 먹는 데 거북하지 않았다. 먹고 나서도 부담스럽지 않았다. 물론 아침은 더할 나위 없이 통쾌했다.

"됐다. 이거면 되겠다. 일단 승인부터 받자."

"네, 그런데 제품명은 뭐로 할까요?"

"제품명? 글쎄, 혹시 아이디어 있나?"

"아니요, 특별한 건 없습니다."

순간 어떤 생각이 뇌리를 스쳤다.

"나오미 어때?"

"네?"

"나오미. 잘 나온다. 그러니까 잘 나오도록 도와주는 것. 나오미 말이여!"

"허허, 좋은데요. 쉽고요."

성공한 사업가

"어떻게 출시할까?"

"글쎄요."

모두 고민 속에 빠졌다. 단순하게 '신제품 나왔어요'라고 할 수는 없었다. 그런다고 시장에서 알아줄 리도 없었다. 게다가 우리가 지금까지 팔아 오던 제품이 있는데 갑자기 바꾼다면 고객들도 혼란스러울 것이 뻔했다. 나는 생각했다. 그리고 시계를 과거로 한참 돌렸다. 세븐일레븐 근무 시절 신제품을 어떻게 마케팅했는지 되새겼다. 매체를 활용하는 것이었다. 방송 광고나 신문 광고를 주로 활용했다. 그러나 무작정 광고를 게재하진 않았다. 마치 독수리가 사냥하듯 멀리 내다보고 정확히 초점을 맞춘 다음 확실한 때를 기다려 공격했다.

'그래, 나도 광고를 활용하자. 방송 광고는 비싸서 못 한다고 하지만 신문 광고는 해 볼 만하지 않겠어! 물론 독수리 사냥처럼 정확한 때를 기다려야겠지.'

생각이 거기까지 미치자 나는 그 즉시 4대 일간지와 경제지 광고 단가를 알아보도록 지시했다. 그리고 몇몇 신문에 전면 광고를 실었다. 그것도 하루만 광고하는 것이 아니라 몇 달을 게재했다. 당연히 광고 단가도 대폭 낮출 수 있었다. '나오미' 광고가 나가자 금세 반응이 나타났다. 처음 의심했던 고객들도 한번 먹어 보고 그 효과를 인정했다. 일단 과립형이라 먹기 편했고 효과도 탁월했다. 게다가 식물성 원료로 만든 제품이라 안전성도 보장받을 수 있었다. 매출은 하루가 다르게 늘어 갔다. 직원들도 늘어나고 사무실도 확장했다. 드디어 2008년에는 매출이 100억 원을 돌파했다. 5년 만의 쾌거였다. 그동안의 노력이 헛되

지 않았다.

"여보, 당신 대단하다. 당신은 분명 해낼 줄 알았어."

"그래, 이게 다 당신 덕분이야. 당신이 아니었으면 절대 불가능했을 거야."

정말이지 아내가 고마웠다. 처가살이를 마다하지 않았고 그동안 물심양면으로 나를 도왔다. 나는 그런 아내의 지원을 받아 용기를 얻고 도전을 거듭할 수 있었다. 그 결과 작은 성공을 거두었다. 그때 사람들은 나를 두고 '성공한 사업가'라며 칭찬했다.

제 4 부

새로운
세상을 열다

숙원 사업

2008년, 나는 또 다른 도전을 시작했다. 불혹의 나이를 넘기면서 그동안의 삶을 되돌아보았다. 정말 끝도 없이 앞만 보고 달려왔다. 시행착오도 많았다. 그러나 단 하나, '맛'은 달고 살았다. 어린 시절 참 가난했지만 라면 하나도 '나만의 요리'로 만들었다. 각종 채소를 넣기도 하고 냇가에서 잡은 미꾸라지며 붕어를 넣기도 했다. 그야말로 특별한 라면이었다. 이런 버릇은 커서도 달라지지 않았다. 주말이면 가족을 위해 음식을 만들었고 가끔 직원들을 위한 음식을 만들어 나눠 먹었다. '하나를 먹더라도 맛있게 먹는

다'는 어릴 때부터 있었던 나만의 식사 원칙이었다. 그리고 그렇게 만든 음식을 내놓을 때마다 반응은 뜨거웠다. 가족들은 가족들대로 직원들은 직원들대로 칭찬을 아끼지 않았다.

그러던 어느 날이었다.

'그래, 이제는 해 보자. 내 어릴 적 꿈을 펼쳐 볼 때가 되었다.'

먼저 아내와 의논했다. 아내만큼 나를 잘 아는 이도 없었다.

"여보, 나 음식 사업을 해 볼까 하는데 어때?"

"음식 사업이요? 해 보세요. 당신 소원이잖아요."

나는 혹시 아내가 반대하면 어떻게 하나 내심 걱정했다. 그러나 아내는 흔쾌히 동의했다.

"저는 당신을 믿어요. 특히 음식 사업을 한다면 분명 성공할 거예요. 그만큼 애착이 강하잖아요."

"고마워. 당신이 그렇게 말해 주니 백배 천배 힘이 나네."

사실이었다. 그날 아내의 동의는 내 영혼을 깨웠다. 주변 사람들의 응원도 힘을 실어 주었다.

"사장님은 분명 음식 사업을 하면 성공할 거예요. 그건 우리 모두 알고 있어요."

그날 나는 어린 시절 맛을 찾아갈 때의 그 마음처럼 두근 거렸다. 그리고 곧바로 행동으로 옮겼다.

짬뽕

"어이, 친구, 요즘 뭘 잘 먹나?"

"설렁탕 잘 먹지."

"자네는?"

"짬뽕 좋아하지."

"자네는 어떤 음식을 잘 먹나?"

"추어탕!"

나는 만나는 사람마다 좋아하는 음식을 물었다. 일종의
시장 조사였다. 그때마다 사람들은 다양한 음식을 이야기
했다. 공통점은 모두 하나같이 '탕'을 선택했다는 사실이

다. 하기야 한국인이라면 누구나 탕을 좋아했다. 아침, 점심, 저녁 세 끼를 모두 탕으로 해결할 때도 많았다. 그만큼 탕을 좋아했다. 그렇다면 영원한 한국인의 입맛은 탕으로 귀결되는 셈이었다. 이러한 이유로 나는 일차적으로 탕을 만들어 보겠다는 구상을 세웠다. 다음은 어떤 탕을 선택하느냐의 문제였다. 설렁탕, 갈비탕, 육개장, 추어탕 등 탕의 종류도 무궁무진했다. 그러나 탕은 전통 음식이다 보니 역사적으로 유명한 맛집이 존재했다. 당연히 진입 장벽도 높았다. 그때 나는 짬뽕에 주목했다. 짬뽕은 탕류보다 역사가 그리 깊지 않았다. 지역별로 유명한 집이 있다고는 하나 시장을 지배할 정도는 아니었다. 게다가 짬뽕은 탕과 달리 밥이 아니라 면이었다. 확실한 차별화 요소를 지녔다. 그렇다고 한국인의 입맛과 거리가 있는 음식도 아니었다. 면은 기쁠 때나 슬플 때나 자주 즐기는 음식이었다. 잔칫집도 상갓집도 면을 차려 냈다. 그만큼 '보통 음식'이라는 뜻이었다. 생각이 거기까지 미치자 나는 즉시 짬뽕 연구에 돌입했다. 일단 사무실 바로 앞에 20평 규모의 공간을 얻어 연구소 겸 직원용 식당을 꾸몄다. 직원들을 짬뽕 맛 평가단으로 활용할 작정이었다. 그날로 나는 전국 짬뽕 맛 기행에 나섰다. '지피지기면 백전백승'이란 말처럼 일단 짬뽕 시장부터 파악해야 했다.

전국 맛 기행

"의근아, 이번엔 어디냐?"

"네, 부산입니다. 해물 짬뽕을 하는 집인데 맛이 일품입니다."

"그래, 어서 가 보자."

나와 조카는 틈나는 대로 전국 짬뽕 기행에 나섰다. 대전을 시작으로 서울, 대구, 부산, 광주, 목포 등 전국을 휘젓고 다녔다. 서울 짬뽕은 일단 가짓수가 많았다. 매운 짬뽕, 해물 짬뽕, 사천 짬뽕, 꼬막 짬뽕 등 각양각색이었다. 그러나 맛은 그리 흡족하지 않았다. 솔직히 내 입을 놀라게 하

는 맛은 없었다. 고만고만했다. 그래도 특징을 찾아보자면 강원도 짬뽕은 시원한 맛이 있었다. 주로 특산물인 감자나 산나물을 재료로 사용했다. 영남 지방은 내륙 지방과 해안 지방이 완전히 달랐다. 내륙 지방은 그야말로 맵기만 했다. 반대로 해안 지방은 지나치게 해산물이 많이 들어갔다. 그러나 부산은 좀 달랐다. 나름대로 깊은 맛이 존재했다. 해물이든 고기든 짬뽕 특유의 맛을 냈다. 호남은 역시 맛의 고향이었다. 어디를 가든 맛 하나는 제대로였다. 그러나 내가 생각하는 그런 맛은 아니었다. 반면 충청도 짬뽕은 색깔이 없었다. 그냥 고향 음식 그 자체였다.

"외삼촌, 어때요?"

"응, 나쁘지 않은데. 다른 해물 짬뽕과 확실히 달라."

"그렇죠!"

"무엇인가 비밀이 숨어 있어."

"레시피 챙겼지?"

"네."

나와 조카는 그길로 대전으로 돌아와서 부산 해물 짬뽕

을 만들기 시작했다. 그러나 좀처럼 그 맛이 나지 않았다. 직원들 반응도 신통치 않았다.

"왜 그 맛이 안 나지?"

"우리가 뭘 빠뜨린 게 아닐까요?"

"절대 아니다. 나를 못 믿겠다는 거야? 너도 알지만 나는 한 번 경험한 맛은 그대로 만들어 낼 수 있다."

사실이었다. 나와 조카는 전국을 돌아다니며 짬뽕을 맛보았다. 한 번 보면 재료를 완벽히 재현했고 맛을 보면 국물을 똑같이 만들었다. 그러나 이번엔 달랐다. 모양은 그럴싸한데 맛이 영 달랐다.

"의근아, 다시 한 번 가 보자."

"네."

"아냐 아냐, 그러지 말고 네가 아예 취직을 해라."

"예? 위장 취업을 하자는 건가요?"

"말하자면 그렇지."

"상도의상 좀 그렇지 않아요?"

"우리가 그 집을 그대로 베낀다는 것은 아니지 않냐? 그런데 상도의까지 나오는 건 좀 그렇다."

"네, 알겠어요."

조카는 그 즉시 부산 해물 짬뽕집 배달원으로 취직했다. 배달원은 늘 부족한 상태라 일만 하겠다고 하면 취업하기가 그리 어려운 일도 아니었다. 조카는 아침 일찍 출근했고 바닥이며 식탁이며 심지어 조리실까지 청소했다. 누가 보든지 말든지 매일 솔선수범했다. 당연히 짬뽕집 주인도 주방장도 좋아할 수밖에 없었다. 시간이 갈수록 조카는 인정받았다. 그때마다 조카는 주방을 기웃거렸다. 가끔 배달이 없을 때는 칼질을 돕기도 하고 조리를 돕기도 했다.

"주방장님, 이 짬뽕은 어떻게 만들어요? 정말 맛있던데요."

"그건 비밀이야. 말해 줄 수 없어."

생각보다 단호했다. 그렇다고 포기할 조카가 아니었다. 조카도 나름 음식을 알았다. 이미 눈썰미로 다 익혔지만 혹시나 하는 마음에 물었던 것이다.

"안 가르쳐 주셔도 저는 이미 다 알아요. 제 눈썰미가 보통이 아니거든요.”

“그래, 말해 봐.”

주방장은 가소롭다는 듯이 이야기했다.

“일단 육수를 따로 만드네요. 전국적으로 맛있는 짬뽕을 만드는 집은 대동소이했던 것 같아요. 육수를 반드시 따로 만들더라고요. 그리고 무와 다시마, 양파, 인삼, 황기, 감초, 소고기, 마늘, 대추 등이었어요. 그러나 저마다 넣는 양은 다 달랐어요.”

주방장은 깜짝 놀라는 눈치였다.

“확실히 다른 건 신선한 재료를 사용한다는 겁니다. 어디나 마찬가지였어요. 이곳도 채소나 해물 모두 최고로 신선한 것만 쓰잖아요.”

“…….”

“면도 다 달랐어요. 같은 점이 있다면 정성을 한껏 쏟아붓는다는 겁니다. 어느 집 할 것 없이 면을 만들 때 온갖 정성을 쏟더라고요.”

“도대체 넌 누구냐? 여긴 왜 온 건가?”

"죄송합니다. 저는 짬뽕을 정말 좋아해요. 그래서 전국을 다니며 짬뽕 기행을 하고 있는 중이에요. 언젠가 짬뽕 집도 하고 싶고요."

"아이고, 이놈 맹랑하네. 그동안 간첩질이었네."

하지만 말은 그렇게 해도 싫지 않은 눈치였다. 하기야 그동안 한 것을 보면 혼낼 수도 없었다. 새벽부터 누가 시키지 않아도 바닥 청소며 걸레질이며 도맡아 했다.

"뭐? 간첩이라고?"

주인이었다. 순간 긴장되었다.

"네, 이 녀석이 간첩이네요."

"간첩 하라지 뭐. 이 친구 정도면 간첩이라도 좋은 간첩이네그려."

"……."

"주방장! 가르쳐 주게. 아무 말 말고 가르쳐 주게."

주인은 호의를 베풀었다. 조카는 그날부터 그 집 해물 짬뽕을 제대로 배웠다. 일주일 동안 다듬고 삶고 조리했다. 맹훈련이었다.

"됐다. 그 정도면 잘한다."

주방장은 일주일째 되던 날 하산을 명령했다. 그 집 배달원으로 들어온 지 한 달 보름 만이었다.

"고맙습니다. 잘 배웠습니다."

"그래, 어디 가서든 잘 살게."

짬뽕집 주인까지 말을 거들었다.

"네, 열심히 하겠습니다. 고맙습니다."

참 좋은 주인이었다. 사실 간첩이라고 하면 당장 내쫓아도 시원치 않았을 텐데 비법까지 가르쳐 준 것은 이례적인 일이었다. 아마도 조카의 열정을 높이 산 듯했다.

이처럼 나와 조카는 위장 취업도 마다하지 않고 전국을 상대로 짬뽕 비법을 찾아 헤맸다. 그러나 우리가 찾는 비법은 그 어디에도 존재하지 않았다. 단지 그 지방 특성에 맞는 짬뽕만 있을 뿐이었다. 결국, 기행 끝에 내린 결론은 '맛은 스스로 창조할 수밖에 없다'는 사실이었다.

국물 특허

"암소 사골 준비됐어?"

"네, 곧 올 겁니다."

"토종닭은?"

"준비됐습니다."

나와 조카는 대전으로 오자마자 곧바로 짬뽕 육수 제조에 들어갔다. 부산에서 배운 짬뽕 육수를 만드는 것이 아니라, 그동안 전국 맛 기행을 하면서 모아 만든 '나만의 레시피'를 토대로 '나만의 육수'를 만들 참이었다. 일단 한우 사골을 넣고 토종닭을 얹었다. 그 다음 10가지 한약재를

넣었다. 그리고 각종 해산물이며 신선한 채소도 넣었다. 그리고 푹 끓이기 시작했다. 한두 시간이 아니라 무려 24시간을 끓였다. 국물을 끓이는 동안 1초도 놓치지 않고 지켜봤다. 강한 불과 약한 불을 조절해 가며 '나만의 국물'을 만들어 냈다. 그러나 아무리 해도 그 맛이 아니었다. 흔히 맛볼 수 있는 그런 국물이었다. 나는 포기하지 않았다. 한 번, 두 번, 열 번, 정말 수도 없이 시도했다. 그때마다 직원들은 한마디씩 거들었다.

"시원한 맛보다 느끼한 맛이 강한 것 같아요."

"깔끔한 맛이 약한 것 같아요."

"너무 매운 것 같아요."

참 반응들도 가지각색이었다. 나는 그 반응을 하나도 놓치지 않았다. 사소한 말 한마디 놓치지 않고 머릿속에 저장했다. 그리고 다시 조리할 때 반드시 염두에 두었다. 한약재를 더 넣었다가 빼기도 하고 천연조미료의 양도 조절했다. 천연조미료는 MSG가 전혀 없는 효소 추출물을 사용했다.

"외삼촌, 이제 좀 구수한데요. 지금까지와 다른 감칠맛이 느껴져요."

"그려, 나도 느꼈어."

"이제 짬뽕만 만들면 되네요."

"아냐, 그 전에 특허를 내자. 국물 특허 말이야."

"예? 그게 돼요?"

"안 될 것도 없지. 하면 되는 거지. 밑져야 본전이니까 해보자."

"네, 그러지요."

그날 나는 국내 최초로 '국물 특허'를 신청했다. 국물을 특허로 신청한다면 이상하게 생각할 수도 있었다. 그러나 나는 생각이 달랐다. 차별화였다. 만약 특허를 받기라도 한다면 그것은 '국가 공인 짬뽕 국물'로 인정받는 셈이었다. 밑질 것 없는 장사였다. 다음은 MSG가 전혀 들어가지 않은 '웰빙 짬뽕'을 조리하는 일만 남았다.

웰빙 짬뽕

"힘들지?"

"아니요, 재미있어요."

나와 조카는 이른 새벽부터 집을 나섰다. 새벽 시장을 볼 참이었다. 호박, 배추, 당근, 목이버섯, 양파 등 신선한 채소를 샀다. 최고급의 신선한 채소만이 '나만의 짬뽕 맛'을 만들 수 있다고 생각했다. 해산물도 통영에서 직접 공수했다. 양념도 마찬가지였다. 각 지역과 연중 계약을 맺고 그때그때 가져다 사용했다. 간장이나 된장은 직접 만들었다. 죽염을 재료로 건강에 초점을 맞췄다. 당연히 100% 국산 재료였다. 가격은 조금 비쌌지만 그것은 내게 중요한 요소가 아니었다. '세상에서 가장 맛있는 짬뽕'을 만든다는 목표가 더 소중했다. 고객은 분명히 그 맛을 알아줄 것이라 생각했다. 새벽 장보기가 끝나면 곧바로 짬뽕 조리에 들어갔다. 육수를 확인하고 채소를 다듬고 해산물을 손질했다. 특히 해산물은 다른 곳과 달리 먹기 좋게 껍데기를 까서 조리했다. 대부분의 식당이 양이 많아 보이도록 해산물을 껍질째 조리해서 손님상에 올렸다. 하지만 이것은 먹는 사람이 불편했다. 이 때문에 나는 푸짐한 양보다 정성이 더 중요하다고 생각했다.

"사장님, 면이 영 아니네요. 차별화된 맛이 전혀 없어요. 어디서나 먹는 그런 맛이에요."

뜻밖의 반응이었다. 좀 당황스럽기도 하고 걱정도 됐다. 생각해 보니 그동안 국물에만 매달린 나머지 면은 신경 쓰지 못했다. 나는 그때부터 면 연구에 돌입했다. 전국 맛 기행 수첩을 펼쳤다. 첫 장부터 꼼꼼히 다시 읽어 나갔다.

'면은 점성과 탄성이 중요하다. 그래야만 차지면서 부드러운 맛이 난다. 일단 반죽을 할 때 조금 적다 싶을 정도의 물을 넣는다. 그리고 밀가루 사이 공간이 최대한 없어지도록 오래도록 두드리고 메쳐야 한다.'

'점성과 탄성은 알칼리수를 사용하면 더욱 강해진다. 알칼리수는 가루 사이 공기층을 완전히 제거하기 때문이다. 그것이 차진 면의 비결이다.'

역시 2년 동안 모은 메모는 유효했다. 그 속에 답이 숨어 있었다. 나는 그날로 알칼리수를 사용했다. 역시 차지면서 부드러운 맛이 났다.

"와, 맛있다. 사장님 대단합니다."

"사장님 짱!"

이제야 직원들 입에서 탄성이 터졌다. 그동안 여러 가지 짬뽕을 만들어 직원들에게 식사로 제공했다. 그러나 그때마다 직원들은 한마디씩 불평을 이야기했다.

"뭐야. 또 짬뽕이야."

"맛없는 짬뽕 또 먹어야 하나."

그러나 그 불만이 완전히 사라졌다.

"오늘 짬뽕 안 해요?"

"그 짬뽕 참 맛있는데."

상전벽해가 따로 없었다. 나는 그날로 매장 준비에 돌입했다. 직원 식당이 아니라 웰빙 짬뽕 전문점을 준비했다.

짬뽕대가

"짬뽕대가! 어때?"

"나쁘지 않은데요."

나와 조카는 드디어 숙원 사업을 시작했다. 거의 2년 동안 나와 조카는 전국을 헤맸다. 하루에 10그릇 이상 짬뽕을 먹는가 하면, 한 달씩 위장 취업도 마다하지 않았다. 짬뽕에 관한 일이라면 전국 어디든 달려갔다. 서울은 당연하고 전주, 광주, 부산, 울산, 대구, 청주, 충주까지 안 가 본 곳이 없었다.

"내일이면 보겠구먼. 성공하겠지?"

"당연하지요. 먹어 보면 알아요."

그날 밤 나는 잠을 이루지 못했다. 밤새 뒤척였다. 그리고 새벽녘에 출근했다. 그런데 의외의 광경이 벌어졌다. '짬뽕대가'란 간판 밑으로 불빛이 환했다.

'이게 도대체 어떻게 된 일이지.'

순간 당황스러웠다. 지난밤 마지막으로 퇴근하면서 분명 불을 껐기 때문이다. 그런데 가게 안으로 들어서니 나보다 더 부지런한 이들이 나를 반기고 있었다.

"외삼촌, 어서 오세요."

조카였다. 직원들도 여럿 있었다.

"어떻게 된 거여. 왜 이리 일찍 나왔어?"

"아시면서 왜 그러세요. 외삼촌도 걱정돼서 나오셨죠? 어젯밤 잠도 한숨 못 주무시고요!"

"……."

"우리도 마찬가지였어요. 밤새 뒤척이다 그냥 출근했답니다."

기분이 좋았다. 필시 성공의 징조로 느껴졌다. 직원들이 하나같이 주인 의식이 가득한데 실패한다는 것은 있을 수 없는 일이라고 생각되었다.

"그래그래, 고맙다. 점심 준비하자."

나와 조카, 직원들은 점심 준비에 들어갔다. 채소를 다듬고 육수도 다시 끓이고 면도 다시 뽑아 삶았다. 11시 30분 첫 손님이 들어왔다.

"어서 오세요. 짬뽕대갑니다!"

직원들은 일사불란하게 움직였다. 자리를 안내하고 주문을 받고 주문을 넣고 그리고 주문한 음식을 손님상에 올렸다. 빈틈없는 서비스였다. 그러나 12시를 조금 넘기면서 이상한 느낌이 들었다. 손님이 생각만큼 몰리지 않았다. 가끔 뜸하게 오는 것이 전부였다. 짬뽕 맛도 좋고 서비스도 좋은데 손님이 왜 이리 안 오는지 도통 이해가 되지 않았다. 그날 하루 매출이라곤 10만 원이 전부였다.

그 다음 날도 마찬가지였다. 노력에 비하면 터무니없는 매출이었다. 그 다음 날도, 그 다음 날도 마찬가지였다. 한 달이 지났을 때 매출은 겨우 30만 원을 넘어섰다.

"외삼촌, 이제 겨우 30만 원을 넘네요."

"글쎄 말이다."

"광고도 안 하고 마케팅도 안 하니 당연한 것 아닌가 싶어요."

"그럴지도 모르지. 맛만 좋으면 된다고 생각했던 게 착각이었을까?"

그러나 그렇지 않았다. 한 달이 지나자 손님들이 본격적으로 몰려들기 시작했다. 다시 찾아오는 손님들도 있었고 주변에 소개하는 경우도 허다했다. 역시나 음식의 핵심은 맛이었다. 맛을 본 손님들의 입에서 입으로 전해진 소문의 효과는 강력했다. 6개월이 지나자 손님이 넘쳐 났다. 대기 줄은 100미터를 넘어섰다.

"외삼촌, 참 대단하네요. 이럴 줄 정말 몰랐어요."

"그러게 말이다. 그런데 '짬뽕대가' 이름 괜찮아? 너무 일반 명사만 조합한 거 아닌가?"

"그런 느낌은 있어요. 차별화되지 않았다는 느낌."

"그려 맞아. 브랜딩이 필요한 것 같아."

사실이었다. '짬뽕대가'란 말은 흔한 단어의 조합이었다. 맛이 남다르듯 브랜드도 남다른 것이 필요했다.

이비가짬뽕

"아빠, 고민 있어? 얼굴이 어두워."

"아니, 고민 없는데. 아빠 고민 있어 보여?"

"응, 심각한 것 같아."

사실 나는 그때 고민이 깊었다. 바로 브랜드 때문이었다. 현재 '짬뽕대가'란 브랜드는 전혀 차별성이 없었다. 그래서 다른 브랜드를 만들어야 하는데 도통 떠오르지 않았다. 지난 100일 동안 하루도 빠짐없이 밤낮으로 생각했다. 그런데도 쉽게 떠오르지 않았다.

"사실 짬뽕 이름을 바꿔야 할 것 같은데 좋은 아이디어가 없네."

"그래? 아빠 이거 어때?"

"뭐?"

"손이 가요. 손이 가. 새우깡에 손이 가요. 어른 손 아이 손 자꾸만 손이 가."

딸이 조수석에서 새우깡 로고송을 불렀다. 순간 '이거다' 싶었다. '손이 가'는 새우깡이 맛있어서 손이 간다는 의미라면 짬뽕이 맛있어서 입이 간다고 하면 될 것 같았다. 딸은 그 생각을 읽었는지 내 얼굴을 쳐다봤다.

"아빠, 이해했지?"

"응, 손이 가 입이 가. 소리 나는 대로 적으면 '이비가'. 좋은데!"

100일 동안 고민하던 걱정거리가 한순간에 풀렸다. 참 어이없는 일이었지만 사실이었다. 실제 아이디어란 그런 것 같았다. 고민하면 할수록 숨는 것이 아이디어였다.

'이비가짬뽕'이란 브랜드는 그렇게 만들어졌다. 2010년 9월, 나는 드디어 주식회사 '이비가푸드'를 설립했다. 나의 평생 숙원 사업이었던 외식업을 본격적으로 시작하는 날이었다. 그 시작점이 회사 설립이었다. 이비가푸드. 이비가푸드란 '입이 가는 음식을 세상에서 가장 잘 만드는 회사'란 의미였다. '입이 가'란 문구를 소리 나는 대로 적었다.

"좋은데요. 기억하기도 좋구요."

"그렇지?"

"가게 이름은요?"

"이비가짬뽕 어때?"

"이비가짬뽕이요. 나쁘지 않아요."

조카도 대찬성이었다. 그리고 곧바로 가게 물색에 나섰다. 직원 식당과 그리 멀지 않은 곳으로 정했다. 첫 시작이니 작게 시작했다. 그때부터 내부 수리를 한다, 집기를 들여온다, 난리였다. 온종일 일해도 일의 양은 줄어들지 않았다. 그래도 신이 났다. 국물을 만들면서 24시간을 지켜도 피곤한 줄 몰랐고, 채소와 해산물을 다듬을 때도 콧노래가 절로 나왔다. 면을 만들 때도 마찬가지였다. 일하는 것이 아니라 소풍을 나온 것처럼 즐거웠다.

"많이 올까요?"

조카는 새벽 시장을 보며 조바심을 냈다.

"그럼, 당연하지. 모두 맛있다고 하잖아. 그럼 됐어."

개업 당일 예상대로 손님들이 몰려들었다. 그리고 모두 탄성을 연발했다.

"와, 정말 맛있다."

"권 사장, 이거 어떻게 만든 거야. 정말 맛있는데?"

"사장님, 여기 한 그릇 더 주세요."

그야말로 난리였다. 짬뽕 재료는 1시간을 못 가고 동났다. 첫날이라 적게 준비한 탓도 있었지만, 워낙 손님이 몰리다 보니 감당할 수 없을 정도였다.

대박 가게

"손님, 죄송합니다. 재료가 다 떨어졌어요. 죄송합니다."

이튿날도 마찬가지였다. 첫날보다 배로 재료를 준비했지만 역부족이었다. 몰려오는 손님들을 감당할 수 없었다.

"사장님, 어떻게 하죠. 내일은 또 재료를 배로 준비해야 하나요?"

"아니, 오늘만큼만 준비하자. 아쉬움을 남기는 것도 좋은 마케팅이다. 대신 내일부턴 서비스에 좀 더 신경을 쓰자."

사흘째 되는 날도 마찬가지였다. 손님들이 100미터 넘게 줄을 섰다. 나는 그때부터 서비스에 신경 썼다. 고객은 변덕이 죽 끓듯 한다. 조금만 불만이 있으면 썰물처럼 빠져나간다. 나는 그 점에 주의했다. 일단 식당을 돌아다니며 웃는 얼굴로 인사하는 것을 잊지 않았다. 그리고 필요하다면 짬뽕 조리법도 친절히 설명했다. 시쳇말로 짬뽕 하나 팔면서 사장이 직접 서비스하고 조리법을 설명하는 곳은 없었다. 그러나 나는 달랐다. 짬뽕이라 치부하지 않고 '세상에서 가장 맛있는 음식'이란 생각으로 친절하게 설명했다.

"저희는 절대로 MSG를 사용하지 않습니다. 그래서 웰빙 짬뽕입니다."

"저희는 짬뽕 국물도 특허 신청했습니다. 국가 공인을 받으려는 것이에요."

고객들의 반응은 뜨거웠다. 하루가 다르게 손님들이 늘어났다. 나는 어쩔 수 없이 금기 사항을 깼다. 몰려드는 손님들을 지금처럼 줄만 세워 놓을 수는 없는 일이었다. 그래서 바로 옆 건물로 확장 이전했다. 60평 규모였다. 솔직히 이전 첫날엔 걱정이 많았다. 예로부터 '식당을 확장 이

전하면 망한다'는 속설이 있었다. 그러나 그것은 기우일 뿐이었다. 확장 이전 첫날, 첫 개업 날과 마찬가지로 짬뽕 재료는 한 시간도 버티지 못했다. 이튿날도 마찬가지였다. 이제는 외지 사람들도 입소문을 듣고 찾아왔다. 내가 그랬던 것처럼 짬뽕 기행을 다니는 이도 있었다. 이들이 인터넷 블로그며 카페에 '대전 맛집'으로 올리는 통에 전국에서 몰려들었다. 그날 나는 '이비가짬뽕'이 '대전의 명물 대박 가게'로 자리매김하기 시작했다는 사실을 깨달았다.

가맹점 1호

"사장님, 정말 맛있는 짬뽕입니다. 제가 먹어 본 집 중 최고입니다. 어떻게 이렇게 만드실 수가 있어요."

"과찬이십니다. 정성을 다하고 있습니다."

"그런데 정말 죄송한데요 저 좀 도와주세요."

"네? 뭘 말이죠?"

"사실 저는 회사를 곧 은퇴해야 하는 상황입니다. 가맹점을 내주시면 안 되겠습니까? 잘 아시겠지만, 회사 생활만 한 사람이 할 수 있는 일이 없습니다. 특별한 기술도 없고요. 그렇다고 돈이 많은 것도 아니고요. 부탁드립니다."

뜻밖의 이야기였다. 순간 당황스러웠다.

"아… 아, 죄송합니다. 저는 아직 가맹점을 낸다는 생각을 단 한 번도 하지 않았습니다. 죄송합니다. 아직 이 가게도 정착되지 않았는데요."

나는 정중히 거절했다. 그러나 그 손님도 포기하지 않았다. 이튿날 다시 가게를 찾아왔다. 나는 첫날처럼 또 한 번 거절했다. 그러나 그 손님은 그 다음 날도 또 그 다음 날도 찾아왔다.

"가맹점 생각이 없으셨으면 지금 만들면 되지 않겠습니까? 저를 좀 도와주십시오. 정말 잘할 자신 있습니다."

그 손님은 막무가내로 매달렸다. 열흘이 지나고 한 달이 지났는데도 매일같이 찾아와 짬뽕 한 그릇을 뚝딱 먹고는 또 매달렸다. 그때 나도 흔들렸다. 다른 무엇보다 그 손님의 열정에 마음이 빼앗겼다. 하루 이틀도 아니고 무려 한 달 동안 매일같이 찾아오기란 정말 쉬운 일이 아니었다. 나는 하는 수 없이 승낙했다.

"좋아요. 한번 해 봅시다."

"감사합니다. 정말 감사합니다. 잘해 보겠습니다. 열심히 하겠습니다."

그 손님은 진심을 담아 감사를 표했다. 그날부터 나는 그 손님 '윤형식 사장'을 가르쳤다.

"음식점의 생명은 딱 세 가지입니다. 맛, 청결, 서비스요. 이것이 기본입니다. 또 음식 만드는 것을 즐겨야 합니다. 음식 만드는 사람이 행복해야 먹는 사람도 행복해지거든요."

나는 제일 먼저 정신을 가르쳤다. 그것이야말로 성공의 필수 요소이기 때문이었다. 그 다음 기술을 전수했다. 국물과 면 제조법을 가르쳤고 채소와 해산물 다듬는 법도 가르쳤다. 윤형식 사장은 그때마다 성실하게 따라왔다. 필기하고 암기하고 다듬고 조리했다. 하루도 거르지 않고 무려 2주 동안 쉬지 않고 배웠다. 보통 사람 같으면 지칠 법도한데 윤 사장은 끝까지 최선을 다했다. 하루를 48시간 삼아 배우고 또 배웠다.

문제는 가게였다. 윤형식 사장은 이미 가게 자리를 정해

두었다. 내가 갔을 땐 마지막 계약 단계였다. 그런데 그 가게 자리는 영 아니었다. 일단 유동 인구가 적었고 장소도 비좁았다. 나는 강력히 반대했다. 그러나 윤형식 사장은 막무가내였다. 할 수 없이 최후통첩을 날렸다.

"사장님, 만약 거기서 하신다면 가맹점을 내줄 수 없습니다. 망할 게 뻔한데 어떻게 내줍니까. 나도 위험해집니다."

"그렇게 안 좋아요?"

"네, 저는 세븐일레븐 근무할 때 상권 보는 눈이 생겼습니다. 그곳은 정말 안 됩니다."

"그럼 어쩌지?"

비로소 윤형식 사장은 자기 고집을 꺾은 것 같았다.

"제가 한번 알아보지요."

나는 그 말이 끝나자마자 좋은 입지를 찾아 나섰다. 유동 인구가 많고 장소가 넓고 주차 공간도 충분한 곳을 찾았다. 시간은 그리 오래 걸리지 않았다. 본점에서 30분 거리에 있는 테크노밸리였다. 그곳이면 모든 요건을 충족했다.

"어때요? 사장님, 제가 보기에는 최고 자리예요."

"네, 그런 것 같습니다."

"일단 계약하고 준비하시죠."

그렇게 나와 윤형식 사장은 2011년 가을, 대전 테크노밸리에 가맹 1호점을 준비했다.

"권 사장님, 잘되겠죠?"

윤형식 사장은 은근히 걱정하는 눈치였다. 얼마 안 되는 퇴직금마저 날릴까 봐 조바심이 났던 것이다.

"걱정하지 마십시오. 배우신 대로만 하면 됩니다."

나는 윤 사장을 다독였다. 솔직히 나는 잘 안될 이유가 없다고 생각했다. 이비가짬뽕이 전국 맛집 반열에 올라간 이상 성공은 그리 어렵지 않다고 생각했다. 그 확신은 점심때가 되어 그대로 드러났다.

"여기가 이비가짬뽕집이에요? 가까운 곳에 생겼다고 해서 왔어요."

"참 맛있네요. 본점과 똑같은데요."

손님은 점점 불어났다. 30분이 지나자 자리가 모두 찼다. 1시간이 지나자 본점과 마찬가지로 재료가 동났다.

"하하하하. 이를 어쩐담?"

"권 사장님, 고맙습니다."

"아닙니다. 이때 조심하셔야 합니다. 손님은 변덕스럽다
고 말씀드렸죠. 조금만 불만 사항이 있으면 썰물처럼 빠져
나갑니다. 아셨죠?"

"넵!"

윤형식 사장은 힘차게 대답했다. 그는 자신하는 모습을
보였지만, 내심 내 마음 한구석엔 걱정이 있었다. 그러나
모든 걱정은 한 번에 날아갔다. 그 다음 날도 만원이었다.
그 다음 날도 마찬가지였다. 어느 날엔 면을 배달하기도
벅찰 정도였다. 하루 매상만 800만 원이 넘었다. 그렇게 가
맹 1호점은 안정적으로 정착했다.

열정 사장님

따르릉 따르릉 따르릉!

전화가 빗발쳤다.

"사장님, 저도 이비가짬뽕 가맹점을 하고 싶은데요."

"이비가짬뽕이죠? 가맹점을 할까 하는데요."

정말 정신이 없었다. 1호점이 대박 났다는 사실이 인터넷을 타고 입소문이 나자 전국이 들끓었다. 모두 가맹점을 하고 싶으니 계약해 달라는 아우성이었다. 나는 생각했다.

'사업은 사업이다. 짬뽕집 하나 차릴 때와 아주 다르다. 일단 배우자. 자칫 무식해서 또 실패하는 우는 범하지 말자.'

그날부터 나는 가맹 사업을 공부했다. 프랜차이즈란 무엇인지 인터넷을 찾고 도서관을 뒤지며 하나하나 차근차근 머릿속에 넣었다. 절대 서두르지 않았다. 과거 절박할 때 공짜에 현혹되어 모두 날린 짓을 반복하고 싶지 않았다. 현장도 뛰어다녔다. 상권을 분석하는 법을 배웠고 매장 입지를 선정하는 법도 체득했다. 마지막으로 순익 구조도 체계화했다. 그다음 가맹점 사업에 나섰다. 일단 교육장을 마련하고 2주 과정의 예비 창업주 교육을 시작했다. 정신부터 기술, 운영, 관리까지 하나도 빼놓지 않고 꼼꼼히 교육했다. 매장 선정도 함께 했다. 상권 분석이며 고객 분석도 예비 창업주와 함께 연구했다. 나는 한 사람이라도 이비가짬뽕 브랜드를 달고 성공하게 하고 싶었다. 안 그래도 어려운 경제 상황이 장년 은퇴자들을 벼랑 끝으로 몰고 있다는 신문 기사가 심심찮게 보도되고 있었고, 만약 사기꾼이라도 만난다면 얼마 안 되는 퇴직금도 다 날릴 수밖에 없었다. 나는 그들을 돕고 싶었다. 그들이 웃는 그날까지 그들과 함께하고자 했다.

프랜차이즈

"거기 이비가푸드죠? 여기 특허청인데요, 국물 특허 나왔습니다."

2012년 12월, 드디어 기다리던 '짬뽕 국물 특허'가 나왔다. 신청한 지 2년 만이었다. 이제 진정한 '국가 공인 짬뽕 국물'이 된 것이다. 당연히 이비가짬뽕도 국가 공인 짬뽕 반열로 올라섰다. 누구도 시도하지 않은 일이었다. 그러나 나는 차별화 수단으로 국물 특허 획득을 선택했다. 그 예상은 적중했다.

"사장님, 대단한데요. 국물 특허가 시장에서 먹히네요."

"국물 특허 때문에 찾아오는 이들이 많아졌어요."

호기심 때문이었다. '도대체 국물 특허가 뭐야. 국가 공인 국물도 있어?'라며 손님들이 가맹점을 찾았다. 그야말로 호기심이 '대박 가게'를 만들었다. 가맹점 요청도 많아졌다. 그렇다고 요청하는 대로 다 해 줄 수는 없었다. 특히 같은 지역에서 여러 명이 신청할 때는 정말 곤란했다. 한 곳이라도 망하게 되면 그 책임은 나에게 있기 때문이었다. 알토란 같은 돈으로 창업했는데 그게 실패하면 가족은 어떻게 할 것인가. 그런 생각을 하면 자다가도 몸서리쳤다. 나는 누구보다 실패의 아픔을 잘 이해했다.

'모두 성공하려면 욕심을 버리는 것이 우선이다. 우선 내가 욕심을 버리자.'

늦은 밤 고민 끝에 내린 결론이었다. 무작정 가맹점을 내주지 않겠다고 다짐했다. 그날로 나는 한 도시의 적정 가맹점 수를 계산했다. 도시 인구 대비 가맹점 수를 계산하고 거리 제한도 산출했다. 그랬더니 대전은 9개로 산출되었다. 인구 15만 명당 1개꼴이었다. 그렇다면 대구는 16

개, 부산 21개, 광주 9개, 인천 19개, 서울 66개 정도였다. 나에게 사업하는 사람 맞느냐고 묻는 사람들도 있었다. 그러나 나는 욕심을 버리면 오히려 더 큰 효과가 있다는 사실을 알았다. 실제로 가맹점 문의는 더욱 늘어났고 기존 가맹점들도 무척 좋아했다. 내친김에 나는 물류 창고도 마련했다. 더욱 원활하게 재료를 공급하기 위한 노력이었다. 문제는 면 공급이었다. 가맹점이 늘어나자 손으로 면을 만들기란 불가능했다.

"의근아, 어쩌면 좋겠냐?"

"제면기로 만들어야죠."

"그렇지, 다른 방법은 없을까?"

"없어요, 기계로 뽑는 수밖에."

나는 곧장 공장 부지를 마련했다. 그리고 생각했다. 면의 생명은 신선함인데 그 신선함을 유지할 방법이 없을까 고민했다.

"의근아, 소형 제면기를 만들자."

"소형 제면기요?"

"우리 공장에서 표준 크기, 즉 한 그릇 양만큼 반죽을 공급하면 가맹점에선 소형 제면기로 면을 뽑아 조리하면 어떨까?"

"좋은데요. 그럼 다른 업체와 확실히 차별화되겠는데요."

곧바로 시장 조사에 들어갔다. 전국을 돌아다녔다. 부산, 창원, 울산, 대구, 광주, 전주, 서울, 남양주 등 제면기만 있다고 하면 어느 곳이든 방문했다. 그러나 어디에도 내가 생각하던 제면기를 만드는 곳은 없었다.

"외삼촌, 대구 것이 제일 유사한 것 같아요. 그걸 소형으로 만들 수만 있다면…."

"그려, 맞다. 나도 그렇게 생각했다. 당장 대구로 가 보자."

쇠뿔도 단김에 빼라고 나와 조카는 대구 공장으로 향했다.

"사장님, 이거 작게 만들어 줄 수 없어요?"

"얼마나 작게요?"

"1인분만 뽑을 수 있게 만들면 좋을 것 같은데요."

"그래요, 한번 해 봅시다."

대구 제면기 공장 사장님으로부터 연락이 온 것은 그로

부터 한참 뒤였다.

"권 사장님, 내려와 보세요. 다 만들었어요."

나는 조카와 대구로 내려갔다.

"이겁니다."

작고 앙증맞았다.

"이게 제면이 된다는 말이에요?"

"네, 자, 보세요. 밀가루 반죽입니다. 이 정도면 1인분 정도 되지요."

정확히 1인분이었다. 나는 국내 최초로 소형 제면기를 만들어 냈다. 세상에 불가능이란 없다는 것을 새삼스럽게 느꼈다.

"고맙습니다. 정말 고생하셨습니다. 앞으로 저희에게만 납품해 주십시오."

"네, 그러지요."

나와 조카는 마음이 바빠졌다. 이제 1인분 반죽을 만들 공장이 필요했다. 나는 곧바로 공장 부지를 물색하기 시작했다. 그리고 400평 공장 부지에 적당한 기계 설비를 설치했다. 몇 번의 시행착오는 있었지만 그리 어렵지 않게 1인분 반죽을 만들어 냈다. 가맹점들도 좋아했다. 항상 면이 부족했는데 1인분 반죽과 소형 제면기가 이를 해결했다. 짬뽕도 더 맛있어졌다는 평가를 받았다.

당연히 매출도 늘었다. 2011년 20억 원이었던 매출이 2012년 50억 원, 2013년 120억 원으로 늘어났다. 이대로 가면 150억 원은 시간문제였다. 그러나 신은 나에게 또 한 번의 시련을 안겨 주었다.

상생몰이

"사장님, 적자가 너무 심한데요."

"얼마나 되나?"

"네, 지난달만 1억 원 가까이 됩니다. 식재료값을 올릴 수밖에 없을 것 같습니다."

"안 돼. 그건 가맹점주들과 한 약속을 어기는 것이다."

"그렇지만 식재료 가격은 점점 오르고 적자는 쌓여만 가는데 그냥 보고만 계실 겁니까?"

사실이었다. 나도 고민이 깊어졌다. 2013년 들어 식재료 가격은 천정부지로 치솟았다. 특히 짬뽕을 만드는 데 필요한 재료는 다른 식재료보다 더 많이 올랐다. 당연히 회사는 적자로 고통받았다. 그렇다고 당장 식재료값을 인상할 수는 없었다. 그날로 나는 전국 가맹점을 돌아다녔다.

"사장님, 요즘 워떠유?"

"사장님 덕분에 잘되죠."

친근하게 말을 건넬 때는 은근히 사투리가 번져 나왔다.

"좋네요. 사장님, 하나 물어봐도 될까유?"

"네, 그렇게 하세요."

"사실 저희 경영이 너무 어렵습니다. 식재료값이 너무 올라서요. 한 20% 올렸으면 하는데 어떠세요?"

"20%요. 그건 안 됩니다. 저희도 물론 본사의 어려움에 대해 일부분 동감하고 있습니다. 하지만 한꺼번에 20%를 인상한다는 것은 장사하지 말란 이야기와 같습니다. 천천히 점진적으로 올리는 것이 어떨까요?"

대부분 가맹점의 반응은 비슷했다. 그렇다면 나 혼자 결정할 사항이 아니었다. 차라리 가맹점주들이 모두 모여 함께 결정하는 것이 낫다고 생각했다. 나는 그 즉시 '이비가

짬뽕 발전협의회'를 조직했다. 그리고 그곳에서 중요한 의사 결정을 위한 의견 수렴과 아이디어를 구할 생각이었다.

"여러분! 여러분을 이렇게 모이시라고 한 이유는 단 하나입니다. 가맹점을 내주는 것도 그렇듯 운영하는 것도 여러분과 함께 하기 위함입니다. 사실 요즘 식재료값이 터무니없이 올랐습니다. 본사는 적자를 보고 있고요. 이를 타개하고자 여러분께 모이시라고 했습니다."

"저희도 들어서 알고 있습니다. 20%는 너무 과하고요. 이번엔 15%만 올리는 게 어떨까요?"

"15%요. 아, 네, 감사합니다. 그렇게 하겠습니다."

나는 더는 고민 없이 그렇게 하겠노라고 말했다. 너무도 간단했다. 가맹점주들도 의아해했다. 한참 승강이를 벌일 줄 알았는데 시원하게 그렇게 하겠노라고 대답하니 그럴 수밖에 없었다. 욕심은 욕심을 부르고, 그 탐욕은 불신을 불러온다는 것이 내 생각이었다. 나를 믿어 주는 가맹점주들에게 제 욕심만 차리는 '악덕 경영자'로 낙인찍히고 싶지 않았다. 그날부터 '이비가짬뽕 발전협의회'는 탄력을 받앉다. 식재료값 결정은 물론 경영 지식도 함께 공유했다. 물론 애로 사항도 함께 전달되었다. 나는 그때마다 그들의 애로 사항 해결에 적극 나섰다. 농산물 가격이 폭등할 때는 가맹점도 본사도 어려움을 겪었다. 이런 경우를 대비해서 아예 산지와 직접 계약을 맺고 본사가 구매를 대행했다. 가맹점은 필요할 때마다 주문만 넣으면 배달되는 시스템으로 구조를 변경했다. 본사와 가맹점 모두를 위한 시스템으로 바꾸었다. 자칫 불신이 커질 위기를 상생으로 슬기롭게 극복했다.

그때쯤 또 하나의 희소식이 들려왔다. 그동안 고대하고 고대했던 '숙취해소 특허'가 나왔다. 정확히 '숙취해소 기능성면 제조특허'였다. 국물 특허에 이은 또 하나의 쾌거였다. 앞서 국물 특허가 그랬듯이 숙취해소 특허 또한 고객의 신뢰를 더욱 공고히 하는 열쇠가 되었다. 진짜 웰빙 짬뽕이 무엇인지 보여 주는 것이기도 했다.

금상첨화로 언론 매체로부터 연락이 빗발쳤다. 모두 자신들의 방송이나 신문과 인터뷰해 달라는 섭외 요청이었다. 사실 나는 매체의 위력을 알고 있었다. 과거 세븐일레 븐 시절 실제 경험했고 나오미 광고 때도 체험했다. 돈이 없어 나오미 때는 신문 광고를 선택했지만, 그 위력 또한 대단했다. 이후 나는 SBS 〈생활의 달인〉이라는 교양 프 로그램에 출연한 데 이어 달인 중에 달인 '최강 달인'으로 선정되기도 했다. 그 반응은 상상 초월이었다. 대전 인근 은 물론 대구, 심지어 부산에서도 찾아와 짬뽕을 먹고 갈 정도였다. 그 이후 다양한 방송에 출연이 이어졌다. 특히 MBN 〈정완진의 최고다(최고경영자의 고귀한 다섯 가지 비밀)〉란 성공다큐멘터리에 출연하면서 지난 일을 정리할 기회도 가졌다. 효과는 만점이었다. '이비가짬뽕'이 전국 메뉴로 우뚝 섰으며 전국 미식가들까지 끌어모았다.

2014년, 어느덧 가맹점은 80개를 돌파했다. 매장 하나에 서 시작해 4년 만에 일군 성과다. 하루에도 수십, 수백 개 씩 생겨나는 프랜차이즈 가맹점도 있지만, 가맹점주와의 '상생'을 가장 중요시 여기는 나로서는 지금의 성장 속도가 만족스럽다. 기존 가맹점주들을 보호할 수 있도록 한 도시에 적정 가맹점 수만큼만 여는 것이 나의 원칙이기 때문이다. 현재 부산에서 계약 요청이 폭발적으로 밀려들고 있지만, 좀 더 신중해지는 이유도 바로 여기에 있다. 나는 가맹점 개수나 매출 규모가 내 성공의 잣대가 되기보다는 지금 나와 함께하고 있는 사람들의 행복 지수를 성공의 잣대로 삼고 싶다.

최근에 전국 가맹점들을 돌아보다 여러 가맹점주들로부터 거듭 고맙다는 인사를 받을 수 있었다. 장사가 잘돼서 두 개 이상의 가맹점을 운영하고 있다는 점주도 있었고, 온 일가친척 모두가 가맹점을 하고 있는 경우도 있었다. 그들은 내게 감사하다고 말하지만, 고마워해야 할 사람은 그들이 아니라 바로 내가 아닐까 싶다.

얼마 전, 이비가짬뽕에 이어 '모미가어죽'이라는 브랜드도 론칭했다. 어죽은 말 그대로 생선죽으로, 옛날 시골에서

천렵으로 잡은 민물고기를 끓여 먹던 것에서 시작됐다. 이런 전통 음식인 어죽이 사람들로부터 잊혀져 가는 것에 안타까움을 느껴, 3년의 준비 끝에 매장을 열게 되었다. 어죽에도 짬뽕에서와 마찬가지로 나만의 노하우가 들어갔다. 기를 맑게 하는 붕어, 기운을 돋우어 주는 잉어, 강장식으로 그만인 피라미 등 우리나라 맑고 깨끗한 물에서 자란 신선한 민물고기와 갖가지 한약재를 넣어 푹 고아 냈다. 직접 담근 고추장과 된장 등으로 만든 양념을 넣고 다시 한 번 끓여 내기 때문에 칼칼하면서도 깊은 국물 맛이 일품이다. 모미가어죽 또한 매스컴을 타면서 맛집으로 알려지기 시작했고, 주말이면 엄청난 인파가 몰려들고 있다.

내 인생, 되돌아보면 요즘만큼 행복한 때가 없었던 것 같다. 세 번의 실패도 있었다. 그리고 마침내 네 번째 도전, '짬뽕'은 내게 성공의 달콤함을 맛보게 해 주었다. 하지만 나는 여기서 만족하지 않는다. 오늘도 여전히 도전을 하고 있고, 죽을 때까지 도전을 멈추지 않을 것이다.

'절대 미각'

나는 단 일분일초도 '맛'을 잊어 본 적이 없다. 어린 시절부터 지금까지 항상 '맛'을 뽐냈으며 그 '맛'으로 역경도 이겨 냈다. 그러니 절대 미각이라 칭한다고 해도 부끄럽지 않았다. 나는 앞으로 그 절대 미각을 '모두 함께 잘 사는 곳'에 투자할 생각이다. 현재 이비가짬뽕이 그렇듯이 '모미가 어죽'이나 앞으로 탄생할 칼국수 전문점, 자장면 전문점, 된장찌개 전문점 등 제2의 브랜드, 제3의 브랜드도 절대 미각이 반석이 될 것이다.

나는 평소 '1만 시간의 법칙'을 존중한다. 어려운 일도 1만 시간만 투자하면 최고가 된다는 사실을 좋아한다. 짬뽕을 시작할 때 나는 생초보 문외한이었다. 그러나 전국을 유랑하며 '맛 기행'을 강행했고 '세상에서 가장 맛있는 나만의 짬뽕'을 개발하고자 1만 시간을 투자했다. 그 결과 오늘날 같은 결과를 얻었다. 앞으로 탄생할 브랜드들도 '1만 시간의 법칙'이라는 노력 위에 세워질 것이다. 그만큼 열정을 다할 때 신화도 창조된다.

상생도 중요하다. 모든 일에 순서가 있듯이 욕심을 버리고 함께한다면 성공은 저절로 온다. 그러나 조금이라도 사심이 개입되면 성공이란 놈은 저만큼 멀어진다. 항상 가맹점주 입장에서 또 소비자 입장에서 생각하고 행동할 것이다. 그런 의미에서 보면 나는 이미 상생을 실천하고 있다. 상권 보호라는 명목으로 한 도시에 들어갈 수 있는 절대 가맹점 수를 제한했고, 가맹점주들을 위한 '이비가짬뽕 발전협의회'도 구성했다. 게다가 모든 중요한 사항은 발전협의회의 의견을 바탕으로 결정했다. 이는 가맹점주들의 신뢰를 불러왔고 신뢰는 매출로 이어졌다.

매출도 급신장하고 있다. 때마침 6층 높이의 사옥을 마련하여 안정적인 성장의 기반도 구축했다. 이미 '이비가푸드'만 하더라도 130억 원을 넘어섰고 2015년이면 200억 원도 무난히 달성할 것으로 예상한다. 게다가 '나오미'의 매출 100억 원까지 더하면 300억 원을 훌쩍 넘어설 것으로 기대하고 있다.

세상에 불가능한 일은 없다. 부지런히 노력하고 포기하지 않는다면 세상은 그 노고에 대한 대가를 반드시 주었다. 나오미가 그랬고 이비가짬뽕이 그랬다. '절대 미각'이란 핵심 역량을 기반으로 열정을 바쳐 몰입했고, 부지런히 움직였으며, 어떤 힘든 일이 있어도 절대 포기하지 않았다. 나는 비록 세 번 망했지만, 그 순간마다 오뚝이처럼 일어났다. 이처럼 성공은 반드시 핵심 역량과 열정, 그리고 몰입을 필요로 한다. 나는 그것을 믿는다. 이 책을 읽은 분들 또한 자신이 하고자 하는 일을 절대 포기하지 말고 성공의 희열을 만끽할 수 있길 바란다.